歴史文化ライブラリー
295

# 鎌倉大仏の謎

塩澤寛樹

# 目 次

## 鎌倉大仏のあらまし

大仏の謎を追う



大仏殿の建立とその後の大仏

# 鎌倉大仏をめぐる謎――プロローグ

## 大仏と日本

長谷《はせ》の大仏、露座《ろざ》の大仏とも呼ばれて親しまれている鎌倉大仏は、現在の鎌倉市長谷に建つ高徳院《こうとくいん》というお寺に鎮座している。露座の大仏の名のとおり、建物の中に入っていないので、離れたところからも青みを帯びたその姿を拝することができる。この像は、建長四年（一二五二）に鋳造《ちゅうぞう》が始められ、完成年次は不明であるが、鎌倉時代の大仏として日本の中世文化史上にひときわ輝く金字塔といえる。当然ながら、国宝に指定されている。何の仏かというと、阿弥陀如来《あみだにょらい》である。したがって、国宝としての正式な指定名称は、「銅造阿弥陀如来坐像」という。

そもそも大仏は仏の偉大さを大きさで表現するようになったことから生まれたとされ、

インド・中央アジア・中国でもしばしば造られた。日本では、天平勝宝四年（七五二）四月九日に開眼《かいげん》供養《くよう》がなされた東大寺盧舎那《るしゃな》大仏《だいぶつ》（図1）が最初である。東大寺大仏は、現在の像高は一四・七三メートルであるが、記録によれば創建時は約一六メートルあったとされる。この大仏は奈良朝政府の手により国家を挙げて造立された鎮護《ちんご》国家の拠り所、いわば日本仏法の根本本尊として、貴賤《きせん》を問わず信仰を集めてきた特別な存在であった。

東大寺大仏以降も、大仏と呼ばれるような大きな仏が造られている。

和太　河二　近三　謂之大仏

これは、平安時代中期の天禄元年（九七〇）に源為憲《みなもとのためのり》が藤原為光《ふじわらのためみつ》の子松雄のために、公家としての知識や心得を教育する目的で記した『口遊《くちずさみ》』という書物の一節である。この部分は、その頃の著名な大仏を大きい順に三つ挙げたもので、「大仏といえば、一に大和（今の奈良県）の東大寺、二に河内（今の大阪府）の智識寺《ちしきじ》、三に近江（今の滋賀県）の関寺《せきでら》」という意味である。奈良・東大寺の盧舎那大仏が真っ先に挙がるのは当然であろう。

室町時代に下って、禅僧万里《ばんり》集九《しゅうく》が著した漢詩文集『梅花無尽蔵《ばいかむじんぞう》』には紀行文があり、鎌倉を訪れた文明十八年（一四八六）十月二十四日の記事には、鎌倉大仏について「兄は南都に在り、弟は東福」と記す。南都の兄とは東大寺大仏、弟の東福とは、摂関家の一つ

図1　奈良・東大寺盧舎那大仏

九条家が鎌倉中期に建立した京都東福寺《とうふくじ》本尊五丈釈迦如来像のことで、鎌倉大仏より東大寺像の方が大きく、東福寺像は小さいという意味であり、三つの大仏を比べている。

それでは現在、大仏、と聞いて一般に思い浮かべるのは何であろうか。『口遊』から千年以上たった今も、東大寺の大仏を連想するという人はかなり多いだろうが、鎌倉大仏を思い起こす人も少なくないだろうし、この二つで大半を占めるのではなかろうか。大仏のイメージがこの二つの像で二分されるという状況は、おそらく鎌倉時代においても同じであったと思われる。

## 建久六年の東大寺供養

ところで、東大寺の大仏は事実上、三度造られている。最初は右に述べた創建の時だが、治承四年（一一八〇）と永禄十年（一五六七）に焼け、そのつど復興されたのである。このうち、二度目の造立、つまり治承四年の焼亡からの復興は、鎌倉大仏について考えるうえでも大いに関係がある。

この時の復興は、翌養和元年（一一八一）から早速準備が始まり、俊乗房重源《ちょうげん》を勧進上人《かんじんしょうにん》とし、秋には螺髪《らほつ》を鋳造、それ以降、順次鋳造が進み、文治元年（一一八五）八月二十八日には開眼供養がなされた。そして、さらに大仏殿建立や大仏光背《こうはい》制作などが行われ、建久六年（一一九五）三月十二日には再度の供養が行われた。

この供養には、征夷大将軍 源《みなもとのよりとも》 頼朝も参加していた。頼朝は東大寺復興には多大な助成をしており、その総仕上げとして参列すべく、大軍を率いて二月十四日に鎌倉を発ち、途中京都を経て、三月十日に東大寺東南院に入った。十一日には東大寺に馬千匹・米一万石・黄金千両・上絹千疋を奉加している。供養当日はあいにくの雨であったが、数万の軍勢が辻々や寺内外を警護した。大仏殿の前には舞台がしつらえられ、大仏殿には種々の飾りが下げられた。舞台ではさまざまな音楽や舞が行われ、やがて法会《ほうえ》が始まり、後鳥羽《ごとば》天皇の表白《ひょうひゃく》が披露され、最後に参列の僧たちに布施《ふせ》が配られた。詳しい経過は『東大寺続要録』などに記されるが、武士たちの警護の中、終始、荘厳で盛大な供養であった。これを目の当たりにした頼朝は、大仏を鎌倉の地にも建立することを考えたのではないかとする見方がある（清水眞澄『鎌倉大仏―東国文化の謎』有隣堂、一九七九。以下「清水、一九七九」とする）。頼朝の心中を確かめる術《すべ》はないが、頼朝も関わって復興された東大寺大仏は、この本の主題である鎌倉大仏が造られる際にも強く意識された存在であったことは間違いないし、もしそれがなかったら鎌倉大仏も生まれなかったであろう。

## 武家の都・鎌倉

鎌倉大仏の造られた鎌倉時代は、治承四年に源頼朝が拠点を構えて以来、元弘三年（一三三三）の滅亡まで幕府が置かれた鎌倉という場所の地名に因《ちな》んで呼ばれている。鎌倉時代は決して幕府だけが栄えた時代ではなく、少なくとも前期は朝廷の力も大きく、二元的な時代であったが、全体としては幕府を重視してこう呼ばれている。鎌倉は武家の都であるとともに、次第に日本の首都機能をも持つようになる。

武家の都というと、あるいは戦や武芸ばかりがイメージされるかもしれないが、鎌倉は政治の舞台であり、経済の中心となり、もろもろの文化が花開く中世の大都市であった。そこには当然、仏教も必要とされ、多くの大寺院が建立されたのである。鎌倉には今も建《けん》長寺《ちょうじ》・円覚寺《えんがくじ》をはじめとする大きな寺院が多いが、実は当時の主要寺院の中には滅んでしまって跡形もないものも相当数ある。鎌倉は仏都でもあった。

東大寺の大仏が造られた当時、その場所は平城京という当時の首都の一角であった。ならば、鎌倉に大仏が造られたことと、当時の鎌倉が事実上の首都機能を持ち、このような繁栄をみせていたことは、大いに関係があるはずで、これは考察の重要な視点となる。

## 謎の大仏

鎌倉大仏は、しばしば謎の大仏とも称される。鎌倉大仏の名称は冒頭で述べたように阿弥陀如来であるが、有名な与謝野晶子《よさのあきこ》の「鎌倉や御仏《みほとけ》なれど釈迦牟尼《しゃかむに》は美男《びなん》におはす夏木立《なつこだち》かな」という歌には、釈迦牟尼つまり釈迦如来と誤られている。しかし、鎌倉大仏を釈迦としたのは晶子だけでなく、実は鎌倉幕府の公式記録である『吾妻鏡《あずまかがみ》』においても釈迦と書かれており、後ほど改めて述べるが、この記事は鎌倉大仏をめぐる謎の一つである。

鎌倉大仏に関する謎は、こればかりではない。東大寺の大仏に比べて、文献史料が少なく、意外なほどに基本的なことが分かっていないのである。たとえば、まず鎌倉大仏の完成を伝える史料がなく、いつでき上がったかが不明である。誰が、何の目的で造ったのかもはっきりしない。また、今の像の前に、木造の大仏が造られたことが判明しているが、その両像の関係がよく分からない。その木造大仏は浄光《じょうこう》という僧が勧進したことは伝えられるが、彼がどのような人物であったか、ほとんど手がかりがないし、大仏は浄光が発願・勧進して、一人で成し遂げたであろうか、支援者ないし実行主体者が別にいるということはないのだろうか、巨額の費用は、浄光の勧進だけでまかなえたのであろうか。技術的なことでは、原型が何で造られたか決め手がない。さらに、その大工事に関わった技術者もごく一部しか判明していないし、原型の作者も不明である。つまり、あれほどの大作であるにもかかわらず、その作品を知るための最も基本的な事項のほとんどが明らかでないのである。こうしたことが謎の大仏と呼ばれてきたゆえんである。

では、鎌倉大仏については不明な点ばかりで、手がかりはほとんどないのかというと、そうではない。鎌倉幕府の正式な記録である『吾妻鏡』には、何箇所かの記事は載せられているし、少ないながら関連の史料も残っている。材料が少ない中でも大仏に関する研究はかなり早くから始められている。もちろん、鎌倉時代彫刻史の花形といえる運慶《うんけい》や快慶《かいけい》についての研究とは比べるべくもないが、かなりの蓄積はされているのである。

個々の問題に入る前に、ここで筆者が考える鎌倉大仏の全体像を示すこととしたい。

## 鎌倉大仏とは何か─本書の見方

鎌倉大仏はまず木造の大仏が遅くとも嘉禎四年(一二三八)から造り始められ(おそらくそれ以前から)、仁治二年(一二四一)の上棟以前に本体は完成し、寛元元年(一二四三)には大仏殿も完成、そして、完成時期は分からないものの、建長四年(一二五二)から銅造大仏が鋳造され始めた。

まず、造形としての鎌倉大仏をみると、戦前から指摘されているように、たくましく、男性的な運慶様を基調とし、これに宋代美術の影響が加えられた姿であることが確認できる。ただし、大仏にみられる運慶様とは、関東の地で培われた伝統に基づくもので、都周辺の慶派正系の作例とは趣を異にしている。そして、全体として鎌倉大仏の作風は十三世紀中葉頃の作としてふさわしく、その中でも優れた例と考えられる。また、原型作者については、文献に語られるところが何もなく、畿内の運慶系統の仏師との見方が多いが、作風の個性からみて、鎌倉に本拠を置いた仏師とみるべきであろう。

造立の主体者としては、諸史料の分析から、幕府を想定するべきであると考えられる。そしてその目的は、何よりも幕府が鎌倉時代社会において為政者という存在であったことと大いに関係があると思われる。一方、勧進上人として知られる浄光は、東大寺の先例に基づき、幕府の意を受けて勧進活動を行なったと考えられる。

木造と銅造の両大仏の関係は、互いに無関係なものではなく、木造大仏は銅造大仏の原型として造られたと考えられる。ただし、木造大仏は単なる原型のためだけに造られたわけではなく、限られた期間ではあるが、それ自身が完成された大仏としての役割を担うべく造られた。そして、『吾妻鏡』建長四年八月十七日条によって、この日鋳造が始められた銅造大仏は、現大仏を指すとみてよいと考えられる。

鎌倉大仏造立にあたって阿弥陀如来が選ばれたのは、阿弥陀如来が本地垂迹説《ほんじすいじゃくせつ》によって八幡神の本地とされていたからとみられ、その理由は鎌倉における八幡神、とりわけ鶴岡八幡宮《つるがおかはちまんぐう》の存在がいかなるものであったかを認識することで明らかとなろう。また、大仏殿には寺としての名称を持たず、新大仏・新大仏殿などと呼ばれていたが、寺号を持たなかったことにも幕府の意図があると考えられる。

右に述べたことは、必ずしも今日の定説となっていることばかりではないし、結論を導くために大いに説明を要することも多い。

## 本書の方法

そこでこの本では、まず造形としての鎌倉大仏の特質を述べ、次に、鎌倉大仏に関する基本的な史料にはどのようなものがあるのか、その内容や史料の性格を示したうえで、これまで何がどこまで明らかになって、どのような問題が残されているかを示す。そして、大仏造立の主体者や造立の目的、浄光の実像、二つの大仏の関係、大仏の完成時期、像種や名称など、いわゆる鎌倉大仏の謎について、順にわかりやすく整理をし、さらに完成後の状況についても触れ、それぞれ筆者なりに見方を示してみたい。なお、紙数の関係から、この本では鎌倉時代のことを中心に述べることとする。

鎌倉大仏をめぐっては、これらの多くの謎に対し、実にさまざまな意見が出されてきており、時には一つの問題に対し正反対といえるほどに異なる見方も出されてきた。また、右の問題点はそれぞれ互いに絡み合う部分も多く、複雑な議論も展開されてきた。それゆえ、鎌倉大仏について考えるためには、どうしてもこうした議論を避けては通れない部分が多いし、それを理解することは鎌倉大仏を知ることの一部でもある。そこでこの本では、それぞれに対して、なるべく簡略にどんな考え方が出されてきたかも紹介をする。

ただし、いうまでもないが、本書が鎌倉大仏の謎に解答する決定版というわけにはいかない。鎌倉大仏の研究は今後も続くであろうし、また、大仏はそれに値する存在である。本書が読者の方々にとって、鎌倉大仏を考えるための手助けができれば幸いである。

# 鎌倉大仏の形と表現

# 平安後期から鎌倉前期までの仏教彫刻史

## 造形としての仏像

古い仏像は奈良や京都などに集中していて、ほかの地域にはさほど残っていないのでしょうね、あるいは、関東では鎌倉に古い仏像がたくさんあるでしょう、という質問をよく受ける。どちらも誤りではないが、正解ともいえない。確かに飛鳥・奈良時代の仏像は近畿地方に集中しているが、平安時代以降の作であれば各地にもかなり残されているし、鎌倉には寺院が多いから中世の像も多いけれど、鎌倉時代も前期の仏像は意外に多くない。

仏像はいうまでもなく、客観的にみれば造形表現である。したがって、その表現には造られた時代の流行が反映するし、作者の個性や作家系統によっても異なる。また、そもそも仏像は人が何らかの願いをかなえたり、目的を果たすために造ったのであるから、造立の主体者や目的を探ることは、その像を理解するうえで欠かせない。

鎌倉大仏を考えるにあたって、まずはじめに、造形としての鎌倉大仏について、主にその形式や表現上の特色、原型作者などについて考えてみたい。

大仏のことを述べる前に、大仏に至る以前、平安時代後期から鎌倉時代前期の仏教彫刻史をごく大づかみに示すことにする。

## 定朝と定朝様

十一世紀に入り、藤原道長《ふじわらのみちなが》によって摂関政治がその頂点を迎えようとするころ、定朝《じょうちょう》（?〜一〇五七）という仏師が現れた。彼の父康尚《こうじょう》は、今知られる限り、独立した工房を構えた最初の仏師で、やはり道長に重用された。定朝はその工房と人脈を受け継いだと考えられ、生涯の大半を道長とその子頼通《よりみち》および朝廷（この頃の天皇、皇后はほとんど道長の血縁者である）の関係する造像に携わった。記録上は多くの事蹟が伝えられているが、確実な現存作は京都宇治の平等院鳳凰堂《びょうどういんほうおうどう》の本尊阿弥陀如来《あみだにょらい》坐像（図2）だけである。頼通は、末法《まっぽう》第一年に当たる永承七年（一〇五二）に宇治の別邸を寺とし、ここを平等院と名付け、翌天喜元年（一〇五三）には院内に阿弥陀堂を建立した。これが今の鳳凰堂である。西を背に東を向き、弥陀の定印《じょういん》を結んで坐す本尊像は、安定感ある自然な比例を示し、全身

図2　京都・平等院阿弥陀如来坐像（平等院提供）

はまことに柔らかな丸みで構成され、顔立ちは穏やかで、気品にあふれている。

定朝の仏は、当時の貴族社会の中で仏の理想的な姿として仰がれてゆき、十二世紀の源《みなもとの》師時《もろとき》の日記『長秋記《ちょうしゅうき》』長承《ちょうしょう》三年（一一三四）六月十日の記事には「仏《ほとけ》の本様《ほんよう》」、すなわち仏の理想であると記されている。定朝仏を規範とする志向は、定朝の没後一世紀半近く、十二世紀末まで続き、その影響は全国規模ですみずみにまで行き渡った。国内の一人の人物が生み出した様式が、これほどの長きにわたって、当時の日本中至る所にまで及んだことは過去に例がなく、画期的なことであった。定朝仏に倣った作風を定朝様《じょうちょうよう》と呼んでおり、その作風を持つ像は今も全国各地に残されている。

## 正系三派

定朝仏が理想と仰がれるにつれ、仏師の世界では定朝の流れを汲む仏師は特別視されるようになった。彼らは、僧綱位《そうごうい》（僧侶の身分のうち、僧侶を束ねる職に就ける高い位で、定朝がその道を開いた）を持ち、院・天皇や摂関家、有力大寺社の仕事のほとんどを担った。

定朝の仏所は、次代には覚助《かくじょ》と長勢《ちょうせい》の二派に分かれ、さらに覚助の次には頼助《らいじょ》と院助《いんじょ》に分かれた。つまり、定朝三代目には、おおまかに三つの系統に分立していた。図3のように、長勢から円勢に継がれた系統は、その後「円」という字を受け継いでゆき、それを

図3　定朝と正系三派

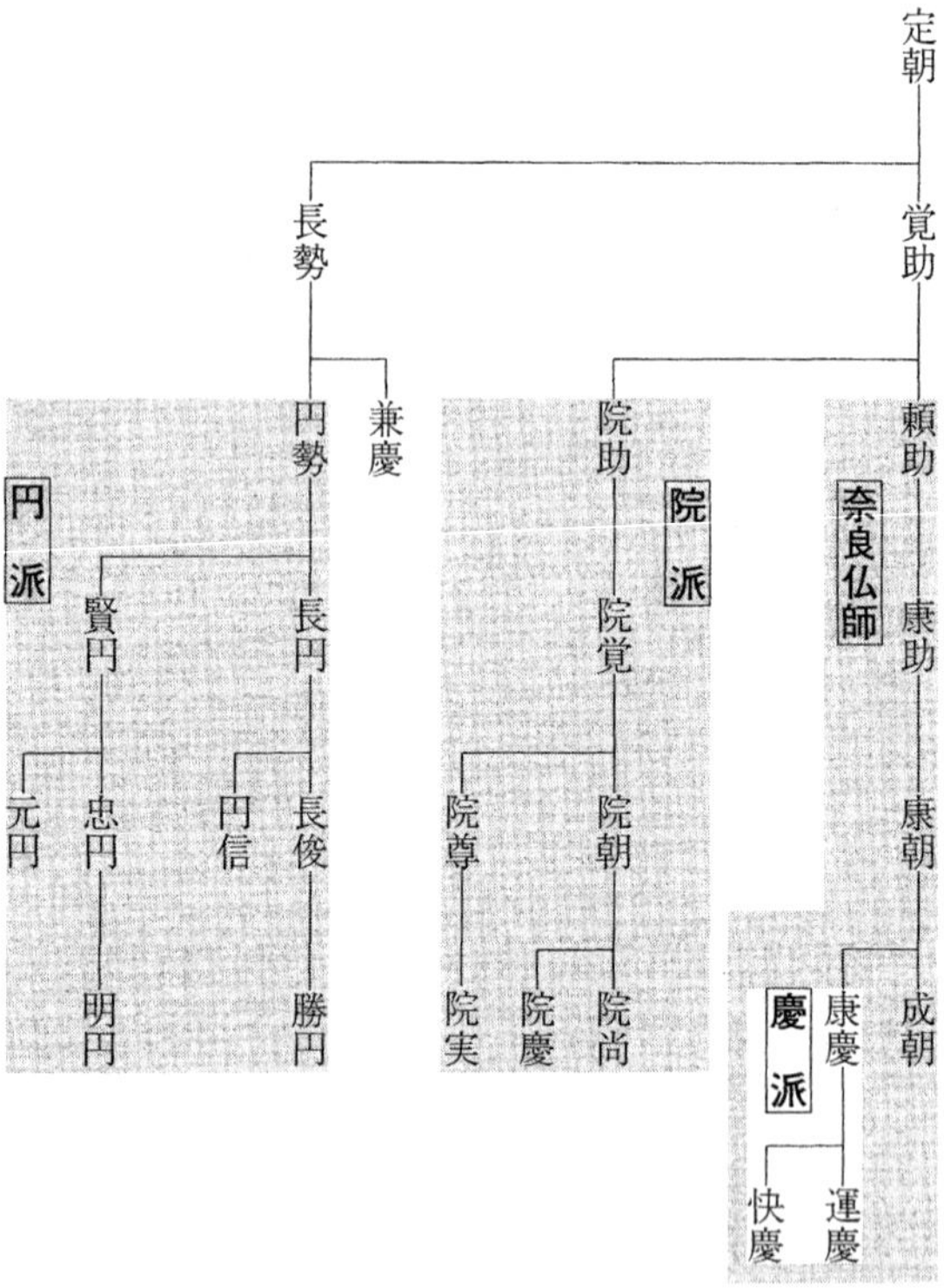


彼らはみずからの系譜を示す字と理解していたことが分かる。そこで、今日、彼らの系統を「円派《えんぱ》」と呼んでいる。同様に、院助以下の系統は、「院」字を受け継いでいるので、

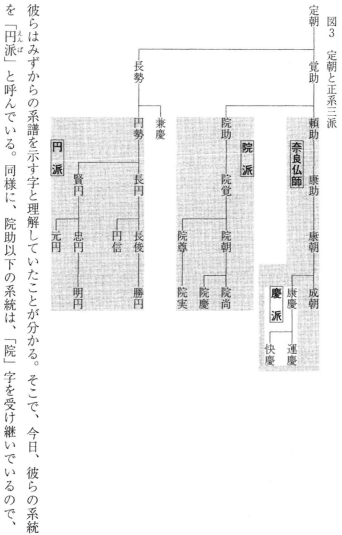

この系統を「院派《いんぱ》」と呼ぶ。円派と院派の二派は、京都を本拠にしていたと考えられる。一方、頼助の系統は、奈良興福寺に拠点ないし特別な権益を持っていたとみられ、「奈良《なら》仏師《ぶっし》」と呼んでいる（この系統を一一九〇年代中頃からは一般に「慶派《けいは》」と呼ぶ）。

三派の中でも勢力争いがあったが、大局的にみれば十二世紀は正系三派が主要造像を主導することとなり、都では鎌倉時代以降も基本的な枠組みは変わらなかった。

## 鎌倉時代の幕開け

十二世紀も末、治承四年（一一八〇）という年は仏教彫刻史上では、実に大きな意味を持つ年であった。西では年の瀬に南都焼亡という未曾有《みぞう》の大事件が、東では源頼朝が鎌倉に本拠を定め、政権基盤を築いたのであった。

源平合戦の最中、平氏と関係のよくなかった南都の東大寺・興福寺《こうふくじ》の僧兵集団が平氏軍と衝突し、両寺がほぼ全焼してしまった。世にいう南都焼亡である。わが国の仏法の根本ともいうべき盧舎那大仏《るしゃなだいぶつ》を本尊とする東大寺と、摂関家の氏寺として東大寺とともに栄えてきた興福寺が焼け落ちたことは、当時の人々にとって末法の世とはこのことかと、実感させる事件であった。しかし、両寺は翌年から早速復興に着手された。見方を変えれば、仏師たちにとっては、昨日までは考えもしなかったような、第一級の大規模な仕事の需要が一挙に、大量に舞い降りたのである。こうした造像を任されたのは正系三派の仏師たちであった。結果的に、この復興の過程は鎌倉時代の新しい仏像様式が開花する舞台となる。

一方、鎌倉時代という名称は、相模《さがみ》国鎌倉を本拠にした武家政権が成立したことに由来しており、彼らの本拠は治承四年以降、元弘三年（一三三三）の滅亡まで一度も動いていない。鎌倉政権は造寺・造仏のうえでも、平安後期とは異なる、この時代の新しい文化を生み出すことに大きな役割を果たした。

**二元的展開の鎌倉時代**

鎌倉時代の社会が、京都の朝廷と鎌倉の幕府という、二つの政権によって二元的に支配されていたことはよく知られている。いわば日本に二つの政府、二つの首都があり、それでいて日本が二分されたわけではなく、互いに認知しながらも、時に衝突し、現実的には鎌倉幕府が実力によって実効支配の度を次第に強めていった時代といえる。したがって、平安時代までのように、都の朝廷が一元的に中央集権支配を行なった時代とは大きく違う。

詳しくは「大仏造立の真相に迫る」の章で述べるが、寺を建て、仏像を造るという行為は、単なる信仰によってのみ行われるわけではなく、しばしば政治的・社会的行為であった。奈良や鎌倉の大仏はその典型的な例である。それゆえ、鎌倉幕府やその要人たちも、さまざまな目的や意図から多くの造寺・造仏を行い、それはこの時代に大きな影響を与えた。すなわち、造寺・造仏においても、この時代は二つの中心を持っていたといえ、しかもその展開の仕方にはそれぞれに個性があることが分かってきた。

一般に鎌倉時代の仏教彫刻といえば、十二世紀末から始まる運慶や快慶らの活躍によって新しい表現が打ち立てられ、彼らの系統（慶派）が時代を席捲したというイメージで語られがちである。しかし、実際に史料類を眺めれば、都や南都（奈良）ではこの時代も院派・円派は相当な活躍をしていることが明らかで、特に東大寺・法勝寺《ほっしょうじ》・蓮華王院《れんげおういん》といった、天皇王権によって維持されてきた大寺院ではその傾向が強い。

一方で、鎌倉を中心とした幕府に関わる造像では、これとは全く異なり、当初は成朝や運慶らの奈良仏師（慶派）、特に運慶一門が重く用いられているが、院・円二派は主要造像にほとんど登場しない。さらに、鎌倉中期になると、慶派正系とも次第に関係が薄くなり、替わって鎌倉に独自の仏所が成長し、幕府との関係を強めていったと考えられる。別の言い方をすると、正系三派の枠組みに依らない造像史が展開されたのである。

この時代は、仏教彫刻史のうえでも二元的に展開したのであり、平安後期のように、全国の津々浦々までもが都の定朝様を唯一の手本とした時代とは本質的に異なる。したがって、鎌倉時代の仏像を考えるとき、この視点は常に意識しなくてはならないであろう。

# 鎌倉の彫刻史

## 鎌倉幕府造像

右にも述べたように、造寺・造仏は個人の信仰を主たる契機とする場合もあるが、国家鎮護《ちんご》を目的に造立された東大寺大仏のように、多分に政治的・社会的な目的を持っていることも多い。したがって、政権としての幕府が成立すると、組織としての幕府、あるいは将軍・執権・得宗《とくそう》などの権力の所在する人物、さらには幕府を構成する御家人《ごけにん》などが、政治的あるいは社会的意図の元に行なった造像も多かった。ゆえに、そうして生み出された像は、鎌倉時代社会の中で大きな意味を持ったと思われる。また、その際に選ばれた仏師や造り出された作例は、時には一種の権威的性格を帯びることもあったことが予想される。さらに、造像の目的が名目上個人的なものであっても、その造像が政治的目的と関わっていたり（たとえば個人の追善《ついぜん》を目的としていても、それを行うことで権力の継承を知らしめることも多い）、社会的意味を含んでいる場合も少なくない。こうした造像を筆者は鎌倉幕府造像（以下、幕府造像）と呼んでいる（塩澤寛樹『鎌倉幕府造像論―幕府と仏師』吉川弘文館、二〇〇九。以下「塩澤、二〇〇九」とする）。後述のように、鎌倉大仏は為政者としての幕府が新たな王法の地鎌倉に創出したものと考えられるので、典型的な幕府造像といえる。大仏が幕府造像であることを認識することは、大仏を歴史的に考察するうえでも、その表現について考える際にも大切である。

大仏の表現上の特色を探る前に、主要幕府造像を中心に、大仏鋳《ちゅうぞう》造頃までの鎌倉の仏教彫刻史をごく簡略に概観しておくこととする。

## 勝長寿院と願成就院の造像

鎌倉では当初、奈良仏師《ならぶっし》との関係が深かったが、そのきっかけとなったのが今はなき勝長寿院《しょうちょうじゅいん》の造像である。文治元年（一一八五）に完成したこの寺院は、源頼朝《みなもとのよりとも》が父義朝《よしとも》の菩提《ぼだい》を弔うために、鎌倉で初めて建てた本格的寺院であり、みずからが源氏の嫡流であることを誇示する狙いもあった。この本尊《ほんぞん》像を制作したのが奈良仏師の成朝であった。当時、さほど実績がなかった成朝が選ばれた理由については諸説あるが、筆者は源頼朝が抱いていた強い嫡流意識が大きく作用し、彼が成朝を定朝《じょうちょう》の正系の嫡男であると認識していたことが大きな理由となったのではないかと推定した（塩澤、二〇〇九）。勝長寿院本尊を都の正系仏師の一派が造ったことは、その後の展開に大きな影響を与えたことと思われる。

勝長寿院完成の翌年から造り始められた重要な造像がある。頼朝の義父北条時政《ほうじょうときまさ》がその本拠地である伊豆に建立した願成就院《がんじょうじゅいん》の仏像である。今も寺に残される不動明王《ふどうみょうおう》二童子像・毘沙門天《びしゃもんてん》立像（図4）の像内に納入されていた木札には、文治二年五月三日に時政が施主となって、運慶《うんけい》が造り始めたことが記される。中尊《ちゅうそん》の阿弥陀《あみだ》如来《にょらい》坐像を含めて五体が運慶の作である。願成就院は、『吾妻鏡《あずまかがみ》』によれば文治五年六月六日に供養されているが、その日の記事には仏像はかねてより造っておいたと書いてあるので、符合する。頼朝の側近として幕府の中枢にいた時政が、成朝に続いて奈良仏師の運慶を起用した。この選択は、後に大変大きな意味を持ってくると思われる。

では、北条時政はいかなる理由あるいは基準で運慶を起用したのだろうか。筆者は単に頼朝に倣って同門の仏師を選んだのではないと考えている。頼朝は大変嫡流意識の強い人間であったらしく、それを侵そうとする者は容赦なく粛清した。弟範頼《のりより》や義経《よしつね》はその典型的な例である。それゆえに頼朝は、当時定朝の嫡流とみられていた奈良仏師の成朝を選んだと考えられる。仏師選定でも血統を重んじたのであろう。側近であった時政はそのあたりのことをよくわきまえていたと思われる。そこで、時政は頼朝と同じ奈良仏師を選びながらも、嫡流の成朝は避け、あえて傍流の仏師を用いることとし、さらに無位の成朝を用いた頼朝に配慮して、当時一門の中で唯一僧綱位《そうごうい》を有していた実力者康慶《こうけい》をも避け、その

図４　静岡・願成就院毘沙門天立像

子息で、その頃さほど活躍していなかった運慶に落ち着いたという、やや消極的な選択だったのではないかとみられる。そして、その選択方法は頼朝在世中における有力御家人層による仏師選定に受け入れられ、拡がりを生んだ。神奈川県横須賀市の浄楽寺《じょうらくじ》には、和田義盛《わだよしもり》の求めで運慶が造った阿弥陀三尊像・不動明王立像・毘沙門天立像の五体が残り、足利氏関係の造像と思われる栃木県足利の光得寺《こうとくじ》大日如来坐像も運慶作とみられる。

### 運慶と北条氏

運慶は、晩年まで鎌倉方と密接な関係を保った。いずれも現存しないが、建保四年（一二一六）正月十七日に京都より到着し、二十八日に完成供養された将軍実朝《さねとも》持仏堂《じぶつ》（御所持仏堂）本尊釈迦像、建保六年十二月二日供養の北条義時《よしとき》発願《ほつがん》大倉薬師堂本尊像、承久元年（一二一九）十二月二十七日供養の北条政子《まさこ》発願勝長寿院五仏堂五大尊の三例がそれを示している。

ところで、実朝持仏堂は御所持仏堂と呼ばれ、御所という政治機能の中枢にある仏法空間であった。ただし、当時の実朝には政治的実権があまりなかったことを思えば、本尊造像は事実上、北条政子の主導で行われたとみられる。大倉薬師堂は、それが建った大倉郷はかつて頼朝が住んだ場所で、当時も御所があり、そこに北条義時が氏寺を建てて、そこを拠点としたことを宣言したという意味を持つ。また、勝長寿院は、右のとおり頼朝が源氏の血統を誇示するために建てた特別な寺であった。

すると、これらはいずれも単なる個人的造像ではなく、北条政子・義時の主導による北条氏の新たな仏法拠点作りに伴うもので、政治的目的を強く帯びた本尊であったことが分かり、この頃の運慶の起用はこうした政治的に重要な造仏にほぼ限定されていた可能性があると推定される。そして、北条氏がそのような重要造仏に運慶を選んだのは、かつて北条時政が願成就院創建時に運慶を起用した先例が判断基準となっていたのではないかと考えられる。運慶は幕府造像では、特別な存在となったといえる。

## 関東運慶派

運慶作例以外にも、その一門の仏師が造ったことが判明する像や、作風から一門の作と推定される像も鎌倉周辺に残されている。前者の例に建久七年（一一九六）宗慶作埼玉・保寧寺《ほねいじ》阿弥陀三尊像、実慶作静岡・桑原区阿弥陀三尊像、承元四年（一二一〇）実慶作静岡・修禅寺《しゅぜんじ》大日如来坐像《だいにちにょらい》などがあり、後者の例として建暦元年（一二一一）作と推定される鎌倉・寿福寺《じゅふくじ》銅造薬師如来坐像や、建保三年（一二一五）供養の静岡・願成就院本尊阿弥陀如来坐像（旧南新御堂本尊とみられる、図5）などがある。これらの像を造った仏師は、少なくとも一定期間関東に滞在したとも考えられ、そうした仏師を東国《とうごく》運慶派・関東運慶派などと呼ぶ（本書では後者を用いる）。ここに挙げた以外に

図5　静岡・願成就院本尊阿弥陀如来坐像（明古堂撮影・提供）

も、その推定作はいくつも残されており、運慶一門と幕府の関係が広がりをみせていたことが分かる。

## 運慶様の伝統と鎌倉の仏所

鎌倉を中心とした幕府造像では、運慶様は運慶没後においても、作風の基調をなすものとして、長く継承される。都の慶派は洗練の度は増しながらも、運慶作例の持っていた迫力ないしは迫真性を失ってゆくのに対し、当地ではそれがある程度受け継がれてゆくのは対照的である。

運慶没後の一二二〇年代から四〇年代にかけての幕府造像を、担った仏師からみてみると、依然として院派《いんぱ》・円派《えんぱ》とは例外的ケースを除けば疎遠が続き、慶派正系仏所との関係は維持されている。しかし、運慶の正当な後継者である湛慶《たんけい》の事績には幕府やその要人との関わりはなく、全体に関係は薄くなっている。そうした中、独特の作風で畿内でも活躍した肥後《ひご》定慶《じょうけい》が鎌倉に一定期間滞在し、造仏を行なったことが分かるのは特筆される。鎌倉明王院《みょうおういん》に残る本尊五大明王像中の不動明王坐像は、四代将軍藤原頼経《ふじわらのよりつね》が建立し、嘉禎元年（一二三五）に完成した五大堂明王院の中尊像と思われ、定慶の作とみられる。

慶派との縁が次第に薄くなることと入れ替わるように、鎌倉に本拠を置くとみられる独自の仏所が現れたと考えられる。筆者はこうした仏師を「鎌倉派」の仏師と呼んで、その

図6　神奈川・證菩提寺本尊阿弥陀如来坐像（岡部好氏撮影）

特質について述べたことがある（塩澤、二〇〇九）。この時期の仏師名は伝えられないが、北条泰時が関わって嘉禎二年に造られたと推定される神奈川・證菩提寺《しょうぼだいじ》本尊阿弥陀如来坐像（図6）や、静岡・願成就院地蔵菩薩坐像、神奈川・江島神社《えのしまじんじゃ》弁才天坐像などは、そうした仏師の作といえる。この仏所は、次の時期（一二四〇年代後半から六〇年代）になると、一段と存在感を増し、一方で都の慶派との関係はその時期には文献では知られないのである。独自の仏所の成長には、当然ながら幕府の庇護があったであろう。造像行為を行うために、都の仏所に頼らないシステムが構築されたといえるが、これはこの時期の政治的状況とも大変よく連動している。

## 宋代美術の受容

運慶様と並んで、鎌倉の彫刻史を彩るもう一つの要素は、中国宋代美術からの影響である。よくいわれる宋風《そうふう》である。日本列島の文化が有史以前より中国から（時には朝鮮半島経由で）多くの影響を受けてきたことはいうまでもない。仏教はその代表的なものの一つであり、仏教造形も古代においては、基本的には中国での展開を追う形で推移した。たとえば、奈良時代の仏像・仏画は中国唐時代の仏像・仏画とよく似ている。しかし、平安時代も後期になると、中国からの影響は限定的となり、両者は表現のうえでかなりの違いをみせるようになる。

図７　京都・峯定寺釈迦如来立像

そして、鎌倉時代初頭からは新しい傾向が芽生える。宋代美術の受容が一定の流行をみせるのである。これが宋風という現象である。これは平安後期から少しずつ進行していたことが近年明らかにされているが、大きく進展する契機となったのは、十二世紀末の東大寺復興において、その勧進上人《かんじんしょうにん》を務めた重源《ちょうげん》が宋文化を大々的に導入しようとしたことが大きいと考えられる。しかし、鎌倉時代の場合、宋風と呼ばれる作例は、奈良時代に唐の影響を受けた作例とは大きく異なる点がある。飛鳥時代や奈良時代の場合、日本彫刻は中国彫刻を手本にして、両者はとてもよく似ていた。しかし、鎌倉時代の場合、一部の例

図８　京都・知恩院阿弥陀浄土図（部分）

外を除けば、一般に鎌倉時代の日本の仏像は、中国宋時代の仏像とはかなり趣が違う。実はこれは宋風と呼ばれる作例でも同様である。では、宋風の仏像とは何か。具体的に述べてみよう。京都・峯定寺《ぶじょうじ》釈迦如来立像（図7）は十二世紀末の宋風彫刻の代表作である。この像が宋風といえるのは、着衣末端を細かくにぎやかに波打たせたり、頭頂の肉髻《にくけい》部が大変低く造られている点である。これらは、京都・知恩院《ちおんいん》の南宋淳熙《じゅんき》十年（一一八三）銘の阿弥陀浄土図（図8）など、宋代仏画によくみられる特徴である。しかし、峯定寺像の顔立ちや体軀《たいく》の造りの基本はその頃の慶派の作風と変わらない。この点が飛鳥・奈良時代の中国美術受容と異なるところで、鎌倉時代の場合は限定的・部分的であることが特徴である。また、宋代美術受容の地域と時期については、鎌倉時代前期の奈良・京都を中心とする地域と、中・後期の鎌倉を中心とする地域という、時期と場所に二つの山があると説かれてきた。これも二元的といえる。

## 鎌倉における宋風

鎌倉における受容の様子に関しては、すでに昭和五年（一九三〇）に丸尾彰三郎氏と源豊宗氏により、現在に通じる理解の大略が示されている。丸尾氏は、建長年間（一二四九—五六）を境に「禅宗《ぜんしゅう》に伴って入ってきた宋朝の一派の作風とでもいうべきもの」を指摘し、その典型作として円応寺《えんのうじ》初江王《しょこうおう》像・神奈川称名寺《しょうみょうじ》弥勒菩薩立像（図9）・浄光明寺《じょうこうみょうじ》阿弥陀三尊像を挙げた（「鎌倉地方佛像建長以前以後」『東洋美術』五）。源氏は鎌倉における宋風について、「部分的な形式の上よりも、むしろ全体として新しい形式の像が、即ち宋の形式をそのまま移したるものが現れた」とし、その具体例として、建長寺《けんちょうじ》地蔵菩薩坐像のような台座から衣を長く垂らす形式（一般に法衣垂下《ほうえすいか》像と呼ばれている）、円覚寺《えんがくじ》仏殿像のような宝冠を戴く華厳経の釈迦、東慶寺《とうけいじ》水月《すいがつ》

図9　神奈川・称名寺弥勒菩薩立像

観音《かんのん》像のような自由な姿勢の像（半跏像《はんかぞう》と呼ばれることも多いが、最近は遊戯坐《ゆげざ》ともいう）などを挙げた（「鎌倉時代の彫刻に於ける宋朝藝術の影響」『仏教美術』一六）。両氏の示した鎌倉における宋風表現は、部分的かつ選択的であった鎌倉初期のそれと比べて、より全面的で、濃厚なものであったとされ、今日からみてもその認識は間違っていない。このほか、なで肩の体形や、土紋《どもん》装飾（土を型に入れ、それを彫像に貼り付けて立体的に装飾すること）なども宋風と指摘され、これらは宋代美術のより直接的な影響によるものと考えられている。

また、こうした表現が出現・流行する時期に関しては、丸尾氏・源氏以降、一般に鎌倉時代後期ないし末から始まり、南北朝・室町時代にかけて流行するとされる。しかし、田邉三郎助氏は、弘安元年（一二七八）頃の制作とみられ、なで肩と頭部前傾が強い体形の典型作である称名寺像（図9）の考察の中で、これと似た姿が弘長二年（一二六二）銘千葉橘禅寺《きつぜんじ》薬師三尊像の脇侍像にみられることから、「なまの宋風模倣」という風潮が十三世紀半ば頃に発現すると説いているし（「称名寺本尊・弥勒菩薩像をめぐる諸問題」『三浦古文化』二八、一九八〇）、筆者も法衣垂下の形式は、嘉禎元年（一二三五）供養の明王院不動明王坐像や建長元年（一二四九）作と推定される常楽寺《じょうらくじ》文殊菩薩坐像（図10）などの十

図10　鎌倉・常楽寺文殊菩薩坐像（明古堂撮影・提供）

三世紀前半作例にその先駆けがみられ、建長五年供養の建長寺仏殿の当初の本尊地蔵菩薩坐像は、応永二十九年（一四二二）の復興像である現本尊像のような、衣が台座から大きく垂れ下がり、かつ自由な処理がなされる形であった可能性があり、この形式も十三世紀半ばには成立していたのではないかと推定している（「宋代美術の受容と鎌倉・建長寺―絹本著色釈迦三尊像と「建長寺様」の仏像―」『日本橋学館大学紀要』八、二〇〇九）。このように、今後、鎌倉における宋代美術の本格的受容の時期については再検討がなされるべきかもしれない。

# 造形としての鎌倉大仏

以上の概要をふまえて、鎌倉大仏は造形としてはどのような特徴を持っているか、そしてそれはこの時代に中でいかなる位置を占めるかについて考えてみたい。

## 大仏の表現

まず、大仏にあらわれた表現について、西川新次氏（「鎌倉大仏調査私記」『鎌倉』三、一九五九。以下「西川、一九五九」とする）や清水《しみず》眞澄《ますみ》氏の整理（二〇〇二a・b）に基づきながら、簡単にまとめてみたい。

像全体の正面観（図11）は、像高に比べて頭部がかなり大きく、肩幅も広いが、首が短く、肘のあたりの幅が肩幅よりも狭いために、どこか窮屈な体勢にみえる。脚部は幅も豊

図11　鎌倉大仏（鎌倉・高徳院阿弥陀如来坐像）全身正面（井上久美子氏撮影）

図12　同全身側面（井上久美子氏撮影）

図13　同顔正面（井上久美子氏撮影）

かで、厚みもあり、大きな頭部とそれを載せる上半身を受けている。

側面観（図12）は、頭部が著しく前寄りに据えられ、しかも大きく下向きになっている点がまず目につき、これは大仏の最も特徴的な点の一つである。また、頭部・体部ともに奥行きがあり、重量感豊かである。

次に各部分に目を向けると、頭髪は肉髻部《にくけい》が非常に低くなだらかで、地髪部との境がゆるやかである。そして地髪部も低いため、全体に頭髪部は大変丈が低いといえる。髪際の線は横一文字にあらわされ、螺髪《らほつ》の下一段が下向きになることもない。また、現状は後補ではあるが、肉髻珠はきわめて大きい。

顔（図13）は、まず正面の輪郭がひときわ丸いことが大きな特徴である。眉は湾曲がやや強く、眼は切れ長で、少し吊り、上瞼の出が大きく、下瞼にかぶさるようである。鼻は全体に太く、小鼻も膨らむので、顔の中では目立つ。口は肉厚で、特に上唇が突き出ており、輪郭の内側に刻みを入れて、粘膜との境を表現する。表情は男性的で、落ち着きのある、引き締まった顔立ちをみせる。

着衣は折りたたみや襞《ひだ》の様子を、強弱をつけながら、自然なさまをあらわしており、柔らかな質感も感じられる。

### 大仏表現の二大要素

以上のような大仏の表現からは、どのような特質が読み取れるだろうか。丸顔で、男性的な表情をたたえ、肩が張り、体軀の幅、奥行きともに大きく、量感を十分に表現し、堂々たる風格を示している点は、関東における運慶《うんけい》様の伝統に基づいているのは間違いない。また、頭部が前寄りに付き、前かがみにみえる側面観や、頭髪および目・鼻・口などの特徴は、宋代美術との関連が指摘されている。

大仏に運慶様と宋風《そうふう》という、二つの要素がみられるということは、早く丸尾彰三郎氏が指摘して（『「鎌倉」の彫刻』鎌倉国宝館、一九五七）、西川新次氏がさらに詳しく説いて以降（一九五九）、ほとんどの研究者に受け入れられ、宋風については鎌倉地方における本格的受容の原点的存在とされてきた。

ただし、運慶様と宋風という二つの要素のいずれが勝るか、あるいはどの部分を宋風とみるか、宋風とすれば絵画、彫刻のいずれから影響されたのか、などの個々の点に関しては見解に違いがある。

### 鎌倉大仏と宋風

田邉三郎助氏は、鎌倉大仏や神奈川・称名寺《しょうみょうじ》弥勒菩薩《みろくぼさつ》立像（図9）などの鎌倉地方の作例にみられる、頭部の前付き・前傾の特徴は、宋代の木彫である京都・泉涌寺《せんにゅうじ》の伝楊貴妃《ようきひ》観音像や神奈川・清雲寺《せいうんじ》観音菩薩坐像（図14）

などにも共通することから、絵画だけでなく、宋代の彫刻からの影響を指摘した（「称名寺本尊弥勒菩薩像をめぐる諸問題」『三浦古文化』二八、一九八〇）。また、浅見龍介氏は、「大仏の容貌に最も似ているのは京都戒光寺《かいこうじ》の釈迦如来立像であ」り、「低い肉髻、顔の輪郭、扁平な肉取り、眼と眉の関係等」が鎌倉大仏と共通すると述べている（「鎌倉大仏の造立に関する一試論」『MUSEUM』五四三、一九九六。以下「浅見、一九九六」とする）。戒光寺像は宋代美術の影響が大変強い像とされているが、浅見氏はこれらの特徴や猫背の姿勢は、中国宋代の彫刻に一般的にみられるもので、鎌倉大仏は中国彫刻から直接影響を受けたとし、『日本仏像史』（水野敬三郎監修、山本勉・熊田由美子・浅井京子・藤岡譲「鎌倉時代」、二〇〇一）もこれに近い。これらは大仏にみられる表現に宋代美術の積極的受容を考え、絵画のみならず、彫刻からも影響を受けたとする立場である。

これに対し、清水眞澄氏は、慎重な見方を示す（「鎌倉大仏の形姿と様式について―宋風との関わりを中心にして」『美学美術史論集』一四、二〇〇二年。以下「清水、二〇〇二a」とする）。具体的には、低い肉髻部は宋画に多いが、地髪は鉢が張らず、髪際が一文字でたわみをつけないのは、保守的であること、上瞼の膨らみは、宋代彫刻が上瞼の瞳を中心に滑らかな丸みを持たせ、目尻を上げて表情を造っているのと比べると表現は違うこと、

図14　神奈川・清雲寺観音菩薩坐像

鼻・口の形は宋・元代の彫刻・絵画の仏菩薩に多いが、これは唐代以降続いてきた形と思われること、上半身の正面観がいわば箱形の体形であるのは、宋代末から元代に目立ってくるから、宋風との関係も視野に入れなければならないが、鎌倉大仏の場合は巨像の造像技術のうえでこうした箱形の形が造られたと考えた方が納得がいくこと、背を幾分丸くしているのは宋絵画の影響であり、宋代彫刻も同様であるが、それは一連の鎌倉前期彫刻の中で理解されるもので、直接に宋代の絵画・彫刻の影響を受けたとは考えられないこと、などを説いた。

## 運慶様か、宋風か

前項の議論の相違点について、改めて考えてみたい。筆者は、いずれかといえば、宋代美術の影響についてはやや抑制的に考えている。大仏の作風の中で、最も宋風が強いのは、頭部前付きの体型と首を前に傾ける姿勢であろう。このうち、後者については神奈川・称名寺弥勒菩薩立像など、宋風とされる彫刻諸作例にも共通し、この点は宋代仏画の影響と理解することも十分可能である。しかし、前者については、やはり宋代彫刻との関係を想定したくなる。というのは、大仏のような側面観を持つ造形は、平面である絵画から学ぶのは難しく、彫刻から写したと考えた方が理解しやすいと思われる。また、一般に巨像を造る場合には、最初に十分の一程度の雛形を制作する。大仏の頭部前付きの体型は、当然雛形の時点で採用されていたであろう。とすれば、その姿は当時の人々が通常目にしていた日本彫刻とは相当に異なる姿であったろうから、確かな意図のもとに行われたとみるべきであろう。大仏がうつむいていることについては、かねてより堂内で拝者に顔を向けるためという説明がなされてきた（香取秀眞「鎌倉の大仏」『日本及び日本人』五八七、一九一二、以下「香取秀眞、一九一二」とする、ほか）。それも無関係ではないかもしれないが、原型またはその雛形を制作する際に、具体的にこの体型の典拠とされたのは、宋代彫刻であった可能性を考えるべきではなかろうか。

しかし、鎌倉大仏に宋代美術受容の積極性が認められるのは、以上の点に限られるように思われる。肉髻部、目・鼻・口の形や、全体としての容貌に、宋代美術との一定の影響を認めることは可能であるが、清水氏の指摘するように、これらは宋代美術からの生の受容というよりは、日本彫刻の中にすでに取り入れられていた要素が多いとみられ、体型以外では宋代美術の影響を過度に認めることはできないと考えている。たとえば、大仏の面部はひときわ丸顔であることがまず基本になっており、そこにたくましい男性的な表情が造られている。これは紛れもなく運慶様の伝統といえ、その上に一定の範囲で宋代美術からの影響が加えられている。容貌だけでなく、ゆったりとした安定感あるプロポーションや自然な肉付きは宋代彫刻とは大きくかけ離れており、着衣の質感ある表現にも彼の絵画にみられるやや煩雑なまでのにぎやかさはみられない。これらも基本的には運慶様を基にしているとみるべきであり、これが大仏の造形の根幹をなしているといえる。

以上のように、筆者は大仏にみられる宋代美術の影響についてはやや慎重であるが、それでも大いに評価されるべきであると考えている。というのは、鎌倉大仏の表現が造られた時期が早いからである。

## 原型としての木造大仏の表現

清水眞澄氏は大仏の作風を検討するうえでの重要な提言をした（清水、二〇〇二a）。氏は、鋳造《ちゅうぞう》技術からみて現大仏は木像を原型としたと考えられるので、寛元元年（一二四三）に供養された木造大仏が銅造大仏の原型となったと推定されることから、「現在の鎌倉大仏の形姿と様式は、鋳造が始められた建長四年（一二五二）頃ではなく、それよりも十数年も早い、一二三〇年代」の作として検討しなくてはならないと指摘した。銅造大仏と木造大仏の関係については、「大仏造立の真相に迫る」の章の「木造大仏と銅造大仏の関係」の節で詳しく述べるが、実はこの点は、昭和三十二年（一九五七）に丸尾彰三郎氏が同様の考え方を示しているのであるが（丸尾前掲論文）、木造大仏と銅造大仏の関係が完全に整理されてこなかったこともあってか、丸尾氏の早い指摘にもかかわらず、清水氏も述べるとおり、この点はこれまで意外に見すごされてきた。

鋳造作品の表現は、当然のことながら、鋳造時点ではなく、原型制作の時点で決まる。巨像の場合、雛形を造った段階で基本的な特徴が決まるから、さらにさかのぼる。このことを大仏に当てはめると、銅造大仏は木造大仏を原型としていると考えられるから、その表現は木造大仏のそれを受け継いでいる。つまり、大仏の表現上の特徴は一二五〇年代ではなく、どんなに遅くとも木造大仏供養の寛元元年（一二四三）、しかし頭が挙がったのは嘉禎四年（一二三八）であるし、雛形があったとすれば、その完成は一二三〇年代の半ばあたりにさかのぼることになる。前にも述べたとおり、鎌倉での宋代美術受容は十三世紀後半から本格化すると考えられてきたから、一二三〇年代に形成されたとすれば、むしろその摂取の先進性はより評価されるべきかと考えられる。そして、前に述べたように、この時期が先駆的法衣垂下像など、ほかの濃厚な宋風表現が鎌倉に誕生した時期とも重なっていることにも注意したい。

## 関東の運慶様と鎌倉大仏

そして、大仏の基調をなす運慶様についても、そこにどんな個性あるいは特質があるのか、いま一度考えてみたい。

鎌倉を中心とする幕府造像に運慶様の伝統が根強いことはすでに述べた。

関東の運慶様作例を、同時期の運慶の正当な後継者たち（慶派《けいは》正系）の作例と比べると、一二一〇年代頃から少しずつ隔たりを生じ、一二三〇年代になるとかなりはっきりしてくる。たとえば、嘉禎二年（一二三六）頃制作の神奈川・證菩提寺《しょうぼだいじ》本尊《ほんぞん》阿弥陀《あみだ》如来《にょらい》坐像（図6）は、丸顔の輪郭に精気ある男性的な表情をたたえ、運慶の持ち味である迫真性をいく

図15　東京・東本願寺阿弥陀如来立像

らか宿している。しかし、着衣表現は質感を残しながら、起伏や襞は最小限に留めている。一方、運慶の子息康勝《こうしょう》が貞永元年（一二三二）に造った奈良・法隆寺《ほうりゅうじ》銅造阿弥陀如来坐像や、慶派正系の作とみられる嘉禄二年（一二二六）年作東京・東本願寺《ひがしほんがんじ》阿弥陀如来立像（図15）などは、顔は面長になり、運慶時代の強さ・迫力は抑えられ、その替わりに少し明るく、穏やかで、端正な顔立ちになっており、着衣も繊細さを加えながら、よく整理されたまとまりを重視している。

鎌倉大仏の表現を、木造大仏の成った一二三〇年代の作として眺めると、丸顔の輪郭、落ち着いているが重厚な迫力のある表情、たくましい上半身、厚みのある脚部などの特徴は、明らかに関東における幕府造像の伝統に立脚している。大仏にみられる運慶様は、半世紀ほど前から説かれてきたが、それは都を中心とした慶派正系のそれではなく、関東において独自に養われた伝統に基づくことを指摘したい。

やや細かい点になるが、脚部中央に衲衣《のうえ》（上半身に着ける大きな衣）の末端が半円形状に垂れる形を作るのは、建暦元年（一二一一）作と推定される鎌倉・寿福寺《じゅふくじ》銅造薬師如来坐像や、建保三年（一二一五）作と推定される静岡・願成就院《がんじょうじゅいん》本尊阿弥陀如来坐像（図5）などの一二一〇年代の関東運慶派作例に散見し、神奈川・證菩提寺本尊阿弥陀如来坐像

（図6）や埼玉・高福寺阿弥陀如来坐像など、一二三〇年代前後の諸像に多くみられ、幕府造像には伝統的な形式ともなっていたようである。しかし、運慶自身の作をはじめ、慶派正系の如来坐像にはこの形がほとんどみられない。大仏にこの形式が採用されていることは、この面からみても大仏が関東の伝統を引く姿であることを物語るのではなかろうか。

## 珍しい定印

もう一つ、大仏の細部の特徴について説明したい。鎌倉大仏は弥陀の定《じょう》印《いん》と呼ばれる、阿弥陀如来によくみられる印相を結んでいる。一般に定印とは、瞑想の状態に入っていることを示す印で、手のひらを重ねて、両親指の先を合わせる。阿弥陀如来の場合、正しくは妙観察智《みょうかんざっち》印といい、指を組んで、人差し指を第二関節から立てて、親指の頭と合わせる形で、密教の両界曼陀羅《りょうかいまんだら》の中に描かれる姿である。定印の阿弥陀如来は平安時代以降、一般化し、絵画・彫刻を問わず、大変多くの作例がある。

近時、清水眞澄氏は大仏の印相が類例稀な形であることを指摘した（「鎌倉大仏―高徳院銅造阿弥陀如来坐像」『仏教芸術』二九五、二〇〇七。以下「清水、二〇〇七」とする）。大仏の定印は、通例の弥陀の定印のように人差し指の先に親指の先が載る形ではなく、立てた人差し指先が親指の内側に入り、上に飛び出しており、したがって、親指の爪は通常斜め上を向いているが、この場合正面を向いている。この形の定印は、平安時代にもわずかに

図16　鎌倉大仏の定印（井上久美子氏撮影）

例があるが、かなり珍しい形である。そして氏は、同じ形の定印が前記した願成就院本尊阿弥陀如来坐像（図5）と證菩提寺本尊阿弥陀如来坐像（図6）に見出されることから、前者に関わった仏師ないしそれを継承する仏師が、後者と鎌倉大仏に関わったとしている。

前者は北条義時《ほうじようよしとき》、後者は北条泰時《やすとき》の主導になる造像と考えられ、いずれも北条氏嫡流の関与する主要な幕府造像である。この三者に共通して特異な定印が見出されることは、鎌倉大仏は幕府造像の正当な系譜上に載る作であることを示している。後述のように、筆者は史料などから考えて、鎌倉大仏の主体者は幕府と推定しているが、大仏の表現や細部の特徴を考察することによっても、これを裏付けることができることになる。

## 珍しい定印の拡がり

そして、同じ形の印相はこれ以外にも、関東に若干例を見出すことができる。一つは、建長二年（一二五〇）銘の東京・百草八幡神社《はちまんじんじゃ》の銅造阿弥陀如来坐像（図17）、いま一つは千葉・法華寺《ほっけじ》阿弥陀如来坐像である。

百草八幡神社像は、銘文中に「奉為皇帝　日本主君　当国府君　地頭名主」という文言を刻み、天皇を指すであろう「皇帝」と、将軍を意味するとみられる「日本主君」が並び記されている。将軍が天皇と並べられているのは、『吾妻鏡《あずまかがみ》』建長五年十一月二十五日に書かれる建長寺《けんちょうじ》供養の折の記事と同じである。また、将軍を日本主君であると堂々と述べる意識は、いかにも建長期の時頼政権の状況を反映していて、興味深い。この像は東京日野市に伝わり、銘文からかつて現所在地付近に建っていた真慈悲寺の像であったことが分かるので、像の所在地はほとんど動いていない。願意からみても、幕府関係者による造像であろうが、武蔵国は得宗の支配が特に強い国であることから、所在地からみてもそれはまず疑いないであろう。この像の表現はいささか素朴で、しかるべき仏師が原型を造ったとは思えないが、大仏と同じ特異な定印を結び、銅造の阿弥陀如来である点や、大仏鋳

図17　東京・百草八幡神社銅造阿弥陀如来坐像
（百草八幡神社提供）

（同銘文部分、同提供）

造開始前夜である建長二年に造られたことと も併せ、造像背景に大仏との関係を思わせる。

法華寺像は、ややくせのある顔立ちや、大仏と似た頭部を前に付ける体形をみせ、宋代美術の濃い影響がうかがえる。この像については、着衣形式や作風は鎌倉・覚園寺《かくおんじ》阿弥陀如来坐像に近く、面貌は神奈川・称名寺弥勒菩薩立像に似る、との指摘がある（武笠朗「阿弥陀如来坐像」『房総の神と仏』千葉市美術館、一九九九）。

百草八幡神社像・法華寺像とも、造像背景に大仏と共通する要素を持つと思われる作例であることが分かる。この印相が何に由来するのか、今にわかには明らかにできないが、今後も精査すればさらに確認されるかもしれない。ここでは、ひとまず鎌倉大仏の特異な定印相が幕府造像の一部に広がりをみせていることを指摘するに留めたい。

# 原型作者と鋳物師

造形としての鎌倉大仏の特徴をふまえ、原型制作の作者について考えてみたい。鋳造の基本は次章で説明するが、鋳造とは、何か元になる形があって、それから型を取り、その型に溶けた金属を流し込んで、元の形を金属に置き換える造り方である。この型を取るための元になる形を原型という。型取りと鋳造に失敗がなければ、でき上がった作品は原型と同じ姿をしていることになる。したがって、鋳造作品の形は原型制作の時点で決まっているのである。

## 原型とは何か

鎌倉大仏の原型作者に関しても、史料的には何も伝えられていない。したがって、大仏の作風などから推定するしか方法がないことになる。それゆえ、現大仏が木造大仏を原型としたと考える立場に立てば、原型作者とは一二三〇年代の木造大仏の作者ということになるし、木造大仏とは無関係とするならば建長四年（一二五二）の鋳造に際して新たに造られた原型の作者ということになる。両者の年代的隔たりは二十年ほどであるが、鎌倉時代の彫刻史研究はかなり精度が上がっているので、この違いは大きく、原型作者を考えるうえでも無視できない。本書では、すでに述べたとおり、前者の考え方に基づいて検討する。

## これまでの見方

まず、これまで原型作者についてはどのような考え方が出されてきたか、整理しておく。

比較的多いのは、慶派仏師《けいはぶっし》とする見方である。大仏の作風を、運慶《うんけい》様が強い、あるいはそれを基調にしているとみるならば、その作者を慶派仏師に当てるのはもっともなこととも いえる。こうした考え方は、早くは渋江二郎氏が「大略運慶の系統に属するものであろう」とし、具体的に鎌倉での造像事蹟を持つ肥後定慶《じょうけい》や康定《こうじょう》（『吾妻鏡《あずまかがみ》』に運慶二男とみられる康運《こううん》の弟子として登場する）の名を候補として挙げている（「鎌倉地方仏像彫刻概説」鎌倉市教育委員会、一九六四）。松島健氏も木造大仏の造立に東大寺で巨像制作を経験した慶派仏師を想定し、やはり肥後定慶を候補とするが、その系統を継いでこの地に仏所を構えた仏師の可能性も述べ、幅を持たせている（「鎌倉彫刻―慶派仏師を中心に―」『原色日本の美術九・中世寺院と鎌倉彫刻』小学館、一九九四）。また、清水眞澄氏も、大仏の作風の基本は慶派仏師の表現であるとし、渋江氏と同じく肥後定慶と康定の名を挙げ、彼らを含む慶派仏師と推定している（清水、二〇〇二a）。

これに対し、在地の仏師とする見方もある。水野敬三郎氏は、「おそらくは鎌倉に土着して、鎌倉武士の意向をよく反映させることのできた仏師」によると述べているし（『ブック・オブ・ブックス日本の美術一二・運慶と鎌倉彫刻』小学館、一九七二）、松島氏がその可能性にも言及したことは右のとおりである。

また、浅見龍介氏は慶派の作風を認めながらも、宋代彫刻からの影響を重くみて、中国工人の参画を想定しており、右の二つの見方と一線を画している（浅見、一九九六）。

この点についても、本書の見方を示すこととする。

## 鎌倉派の可能性

本書ではここまでに、関東の運慶様は、同時期の運慶の正当な後継者たち（慶派正系）の作例と比べると、一二一〇年代頃から少しずつ隔たりが生じ、一二三〇年代になるとそれがかなりはっきりしてくること、また、同じく一二三〇年代頃になると、鎌倉を本拠とし、幕府に重用された仏所（「鎌倉派」と仮称した）が確立し、以後次第にその存在は大きくなってゆくと思われることを述べた。

そして、大仏の表現上の特色は、運慶様と宋風の融合の上に立つことはこれまで盛んに説かれてきたが、大仏にみられる運慶様は、都を中心とした慶派正系のそれではなく、関東において独自に養われた伝統に基づくものであることも述べてきた。

以上の事柄に基づいて考えるならば、大仏の原型作者を畿内の慶派仏師とみるよりも、むしろ鎌倉を本拠とする仏師―鎌倉派の仏師―とみる方がふさわしいのではなかろうか。脚部にあらわされたエプロン状の形や特異な定印相が関東に多いことも、これを裏付けることとなろう。とするならば、鎌倉大仏は幕府に重用された鎌倉派の仏師によって、関東において独自の伝統を形成してきた運慶様と、新たに導入された宋風とが優れた統合を果たした初期の姿といえ、造形面でもきわめて意義深い大作といえる。

## 大仏の鋳物師

大仏の鋳造作業は、当時としては大変な大事業であったと考えられる。

大仏鋳造の技術者や鋳物師《いもじ》に関しては、文化四年（一八〇七）成立の『大仏高徳院略記』に「西上総矢名村金谷の里、大野五郎右衛門」とあるが、これは八代国治氏によりすでにその根拠が疑われ（八代、一九〇八）、香取秀眞氏は『由緒鋳物師人名録』の上総矢那村大野五郎左衛門のことを指すかとし（「丹治姓の鋳師」『考古学雑誌』五―

一、一九一四。以下「香取秀眞、一九一四」とする)、南總逸人氏は『房総志料続篇』上総国望陀《もうだ》郡矢田村条に「矢名五郎右衛門」が深沢で銅仏を鋳たという伝承を載せるので、それに拠ったとする(「思い出の記㈡鎌倉大仏の鋳造者と伝へられたる上総の大野氏」『歴史地理』三六―五、一九二〇)。いずれにしても、史的根拠のないことがほぼ明らかである。

大仏の鋳物師として唯一確実なのは、無能道人氏が『集古十種鐘銘《しゅうこじっしゅ》』によって名を挙げた丹治久友《たじひのひさとも》で(「誤られたる鎌倉大仏に就いて八代先生に呈す」『歴史地理』二一―五、一九〇八)、それは現在まで基本的に受け継がれている。ただし、大仏鋳造にはかなりの数の鋳物師が携わったはずであるが、ほかに確実な鋳物師は知られない。また、早く森克己氏の指摘するとおり、彼は造立過程のある時期に、ある部分の鋳造に関係した一人であったかもしれず(「鎌倉大仏と日元貿易」『歴史地理』六七―三、一九三六。以下「森、一九三六」とする)、丹治久友がどんな役割を果たしていたのか、彼を含めて鋳造の工人はどのような組織であったのか、棟梁《とうりょう》たる鋳物師は誰か、などについてもよく分かっていない。

## 丹治久友

「大仏の謎を追う」の章でも述べるが、久友は文応元年(一二六〇)十一月二十二日付の埼玉川越養寿院《ようじゅいん》の梵鐘《ぼんしょう》では「鋳師丹治久友」と名乗っているが、『集古十種』所載の文永元年(一二六四)卯(四)月五日付の東大寺真言院梵鐘では

図18　奈良・東大寺
真言院梵鐘

（同鐘銘拓本）

「鋳物師新大仏寺大工丹治久友」を、同年八月二日付の金峰山蔵王堂《きんぷせんざおうどう》梵鐘では「大工鎌倉新大仏鋳物師丹治久友」を名乗っている。久友の作品にはもう一つ、茨城筑波山麓穴塚の般若寺《はんにやじ》にも建治元年（一二七五）八月二十七日付の梵鐘があり、そこでは「大工丹治久友」と記している。

丹治氏は河内国丹比《たじひ》郡を本拠とする鋳物師の名族であることは、古く平子鐸嶺《ひらこたくれい》氏が述べており（「鎌倉大仏攷」『国華』二二四、一九〇九。以下「平子、一九〇九b」とする）、奈良時代の和銅元年（七〇八）に鋳銭司《じゅせんし》長官に就いた多治比真人三宅麻呂《たじひのまひとみやけまろ》の名がみえるほか（『続日本紀《しょくにほんぎ》』巻四）、平安時代にも一族の事蹟がしばしば見出される（香取秀眞、一九一四）。

馬淵和雄氏は、丹治久友の梵鐘が施入《せにゅう》された東大寺真言院・金峰山蔵王堂・般若寺の三か寺はいずれも西大寺《さいだいじ》流律宗《りつしゅう》に深く関与しており、久友も同宗に帰依《きえ》していたと述べている（『鎌倉大仏の中世史』新人物往来社、一九九八。以下「馬淵、一九九八」とする）。馬淵氏が鎌倉大仏鋳造のために河内鋳物師を関東へ誘ったのは西大寺流律宗であるとしていることに関しては「大仏造立の真相に迫る」の章に述べるが、久友はその一人として鎌倉大仏鋳造に関わったとする。

### 物部重光

確実な根拠はないものの、鎌倉を中心に関東で広く活躍した物部氏を鎌倉大仏の鋳物師とみる説が古くからある。沼田頼輔《ぬまたらいすけ》氏は、建長七年（一二五五）の建長寺梵鐘、文永六年（一二六九）の称名寺梵鐘、正安三年（一三〇一）の円覚寺《えんがくじ》梵鐘など、北条氏の依嘱に応じてしばしば梵鐘を制作した物部氏が、大仏に限って除外されることは考えられず、むしろ大仏鋳造の棟梁は物部氏ではないかと推定している（「武装の古鐘」『歴史地理』二〇―一、一九一二）。また、中山毎吉《なかやまごときち》氏も沼田説を支持し、寛元三年（一二四五）五月十八日付の埼玉慈光寺《じこうじ》梵鐘と右記建長寺梵鐘を鋳た物部重光《もののべしげみつ》を大仏鋳造の主役であると主張している（「神奈川県内の古鐘の調査」『史蹟名勝天然紀念物調査報告書』第七輯、神奈川県、一九三九）。

物部氏が北条氏の関わる寺院の梵鐘を多く鋳たことからみて、彼らが幕府と密接な関係を持っていたことは疑いない。馬淵氏は、物部一族の鐘は関東祈禱寺象徴であり、梵鐘の造られた寺院には臨済宗と律宗という、幕府親近の宗派が多いことから、彼らも鎌倉大仏のために真言律宗に誘われて河内から移住した鋳物師とみている（馬淵、一九九八）。

# 鎌倉大仏のあらまし

# 鎌倉大仏の基本データ

鎌倉大仏について歴史的に考えるにあたって、大仏に関する基本情報を示しておく。

### 大仏の像高

大仏の高さは、最新の測定値によれば、一一・三九メートルである。これは平成十一年（一九九九）二月に株式会社キャドセンターと東京大学生産技術研究所の測定によるもので、最も精度が高い数値と考えられる（清水眞澄「鎌倉大仏の鋳造技法について」『成城大学短期大学部紀要』三一、二〇〇〇。以下「清水、二〇〇〇a」とする）。大仏の高さがどれだけあるのかを正確に知ることは、大仏について考えるうえで実はとても大切なことであるが、信頼できる値が得られるようになったのは意外に遅い。

初期の研究で用いられていたのは、『新編鎌倉志《しんぺんかまくらし》』『鎌倉攬勝考《かまくららんしょうこう》』など、江戸時代に編纂された地誌類に記される「三丈五尺」という数値であった。一丈は十尺、一尺はおおむね三〇・三センチ（実は地域や時代によって少しずつ異なるが）なので、三丈五尺は約一〇メートル六〇センチとなり、七〇センチほど低く考えられていた。後で述べるように、大仏の高さが誤って理解されていたことが研究史のうえでも影響を与えている。

高さくらいきちんと測ればよいではないかと思われるかもしれないが、大仏ほどの像を正しく測定するためには、水平や垂直を確保できる大がかりな足場を必要とする。測定のためだけに足場を作るのは困難であるから、現実にそうした方法で測定が行われたのは関東大震災後の修理に際しての大正十三年（一九二四）のことで、そのとき「三丈七尺五寸」（約一一メートル三六センチ）とされた。最新の数値と比べても、かなり精度がよい。そして、この数値が大体正しいことが証明されるには、昭和三十四年（一九五九）から三十六年にかけて行われた修理を待たなければならなかった。

昭和の修理に際しては、さまざまなデータの収集が行われ、大仏の像高は「三十七尺五寸八分」（約一一・三九センチ）とされた。この時の測定は、「スケールを仏像に当てて測る、云わば最も素朴な方法」によって行われたのであるが、それは「足場に登ってのこの作業は危険を伴うことでもあり、誤差を生じ易いが、細心に行えば最も直接的で、反《かえ》って正確を期し得る」（西川、一九五九）という理由からであった。最新の測定値とほぼ同じ値が出ているのは、右の狙いどおりだったといえる。

## 大仏の重量や材質

昭和の修理では、像高をはじめとする各所の寸法計測、材質分析、鋳造技法調査などのほか、大仏の重量も判明した。これは大仏下の基礎工事をやり直し、免震工事を施すに際して、ジャッキ二十三台で大仏を五五チセン持ち上げる作業の過程で二回の測定をしたのである。二回の平均値は一二一トンで、厳密には一一八・五〜一二一・四トンと推定すべきであるそうだが、ともあれ大仏の重量はおおよそ一二一トン前後と定まった（『高徳院国宝銅造阿弥陀如来坐像修理工事報告書』一九六一）。

材質は、修理に先立って昭和三十二年（一九五七）に大仏の各所からサンプルを取り、組成分析が行われた。その結果は、平均で銅が六八・七％、鉛一九・六％、錫九・三％であった。この結果は、昭和十年の香取秀眞氏による分析と大体において似通っている。大仏は銅造といわれるが、銅は七〇％足らずで、正しくは青銅製なのである。東大寺大仏と比べると、銅分の少ないこと、また、特に鉛の多いことが特徴とされる。この分析結果からもさまざまなことが推測されているが、それらについては次章の中で述べる。

さらに、近年の鉛同位体比の測定から、大仏の材料の産地が中国華南産であることも確かめられている。

# 鎌倉大仏に関する基本史料

## 事始め

鎌倉大仏についての文献史料は乏しいと書いたが、全くないわけではない。

ここでは、直接に大仏の造立経過に触れた、鎌倉大仏を歴史的に考えてゆくうえでどうしても避けて通れない重要基本史料をなるべく分かりやすく紹介したい。

大仏に関することが文献に登場する最初のものは、『吾妻鏡《あずまかがみ》』嘉禎四年（一二三八）三月二十三日条である（以下、これを史料①とする）。原文は漢文だが、読み下して示す（以下同様）。

廿三日戊戌、雨降る、未《ひつじ》の三点、寅の方の大風。人屋皆破損し、庭樹悉《ことごと》く吹き折る。申剋《さるのこく》晴に属す。西風また烈し。御八講の結願《けちがん》、頗《すこぶ》る魔障也。今日、相模国深沢里の大仏堂事始《ことはじめ》也。僧浄光、尊卑緇素《しそ》を勧進せしめ、此《こ》の営作を企つと云々。

（二十三日戊戌。雨降る。午後は東北東の大風が吹く。人家は皆壊れ、庭樹はことごとく吹き折られた。申の刻、晴れに至る。西風がまた強い。御八講の結願であるが、すこぶる魔障がある。今日は、相模国深沢里大仏堂の事始である。僧浄光が身分の高い人や低い人、僧侶や俗人の別なく勧進して、この造営を企てた）

『吾妻鏡』は、十三世紀の後半に幕府の手によって編纂された鎌倉幕府の公式な記録で、鎌倉時代のことを知るうえで最も重要な史料の一つである。公式記録というのは時に故意に事実を曲げたり隠したりする場合もあるので注意も必要であるが、それでもかなりの程度、信用できる史料である。この場合も、そのまま信じてよいであろう。

この日は風雨がひどく、人家にかなりの被害が出たらしい。事始《ことはじ》めというのは、今後の工程計画、儀式の日取り、役割分担などが決められる儀式のことで、必ずしも工事の開始を意味しない。この場合も、天候からみても、現場での工事に際してのことではないだろうし、次の②の記事からみて、実際の大仏本体の工事はおそらくこれより前に始められていたことが推定される。ただし、ここには書かれていないが、この時始まった大仏は木造大仏であったことがほかの記事や史料から判明している。また、「僧浄光《じょうこう》」は鎌倉大仏の勧進上人《かんじんしょうにん》として重要な役割を果たした人物で、詳しくは次章の「浄光上人と勧進」の節で改めて検討するが、この記事は彼が初めて登場する記事でもある。

なお、ここに「相模国深沢里」とあって、鎌倉と書かれないのは、当時ここが鎌倉の外と認識されていたからだという説があるが、そうとはいえないという見方もあり、この点は「大仏の謎を追う」の章の「鎌倉大仏の立地」のところで後述する。

## 頭を挙げる

次の史料は、やはり『吾妻鏡』の嘉禎四年（一二三八）五月十八日条である（以下、史料②とする）。

十八日壬申。相模国深沢里の大仏の御頭これを挙げ奉る。周八丈也。

（十八日壬申。相模国深沢里の大仏の御頭を挙げ奉る。〈大きさは〉周八丈である）

三月二十三日に事始めをした大仏は、この日に頭部を挙げたことが記される。これは、別に造った頭部を上に挙げて体部に取り付けたことを示しているので、本体の造作が完了に近いことを記しているものと思われる。三月二十三日に造像が始まったならば、この日までに本体ができ上がるということは考えられないので、大仏造像作業はやはりある程度さかのぼる時点を想定するべきであろう。となると、造像開始時点の記録は『吾妻鏡』には存在しないことも注意しなくてはならない。

そして、頭を挙げるという言葉から推測されるもう一つのことは、鋳造《ちゅうぞう》による造像ならば、頭部を挙げるという作業はまず不可能なので、この大仏は木造であろうと考えられるのである。古く平子鐸嶺《ひらこたくれい》氏の指摘したとおり（「東関紀行に見えたる鎌倉大仏の記事について」『学鐙』一三―一、一九〇九。以下「平子、一九〇九a」とする）、これは後で述べる『東関紀行《とうかんきこう》』の内容の傍証となっている。

最後に記される「周八丈也」という部分も重要である。これは大仏の大きさ（像高）を記した記述であるが、こうした記述で少し注意しなくてはいけないのは、古来仏像の大きさを表記する場合、坐っている像は、その像の実寸ではなく、立っていたらどのくらいの高さになるかという書き方をする伝統があるということである。言い換えると、像のサイズを示す書き方といえる。したがって、八丈といっても、大仏は坐像であるから、実寸ではその半分の四丈ということになる。そして、「周」という語であるが、これをめぐっては戦前にさまざまな解釈が出されたが、足立康氏がこれは周尺という意味であることを説き、その解釈が認められている（「鎌倉大仏の丈量」『建築史』三―三、一九四一。以下「足立、一九四一」とする）。周尺とは通常の一尺のおよそ七、八割に相当するという。この記事の記述は木造大仏についてのことであるが、次章の「木造大仏と銅造大仏の関係」の節で述べるとおり、現大仏の大きさとほぼ同じであることは、両像の関係を探るうえでも造立の主体者を考えるうえでも、重要な記述である。

**浄光跪言上**

先ほど勧進僧として『吾妻鏡』に名前の出た浄光が、延応元年（一二三九）九月におそらく幕府に対して提出した、勧進の下知《げち》を申請した書状が存在する（以下、史料③とする）。少々長いのでいくらか省くが、大変重要な史料なので、次に掲げる（原文は漢文）。

新大仏勧進上人浄光跪言上

重ねて人別に一文の御下知を北陸西国に賜うべきの事

右、大日本国記に云《い》わく、水陸三十里也、国六十六国、島二島、郡五百七十八、郷三千七百七十二、男女四十五億八万九千六百五十九人也、男十九億九万四千八百二十八口、女廿五億九万四千八百三十一口也、是れ則ち行基《ぎょうき》菩薩算計勘定の文也と云々、然《しか》れば則ち一天の下、四海の中、諸人の数を算じ、一文の銭を勘ずれば、四十五億八万九千六百五十九枚也、民の力を費すこと無く、我が願を成すべし、祈る所は、東土利益の本尊也、已《すで》に東土助成の下知を預かる、念ずる所は、西方極楽の教主也、蓋《なん》ぞ西方勧進の中懐を遂げざらん、僅かに五銖の一銭を聚《あつ》め、八丈の大仏を造立せしむ、（中略）是れ小愚僧の微力に非《あら》ず、漸《よう》く大菩薩の冥助を仰ぎ、人煩わすこと無く民愁うこと無く、財を□ず力を奪わず、仍《よ》つて東海東山より始め、山陰山陽に至る、広く成敗を蒙り、勧進を適《かな》ふべし、西海の波上と雖《いえど》も之を漏らすこと勿《な》かれ、北陸の雲外に覃《およ》べども必ずや望みを達せん、重ねて御下知を賜はんが為跪《ひざまず》きて以て上啓せしむが猶し、浄光頓首敬白。

延応元年九月　　日、新大仏勧進上人浄光上

（一条家本『古今集秘抄』裏書文書）

この書状は、北陸と西国に対し一人に一文の寄付を命じて下さるよう願い出た書状で、最初に日本国の範囲と、奈良時代に行基が数えたという日本の人口を記している。億という語は、十万を意味する言葉なので、四十五億とは四百五十万である。したがって、一人一文を集めれば、四百五十八万九千六百五十九枚の銭が集まると述べている。「御下知」を願い出た宛先は幕府と考えられる。終わりの方では、勧進は東海・東山から始め、山陰・山陽にも至ったことが記されているので、その地域はすでに勧進が済んでいるのであろう。「重ねて」の御下知を求めているし、「已に東土助成の下知を預かる」と書かれていることから、ほかの地域には勧進のための下知が以前に出されていたことと推定できる。

そして、「東土利益の本尊」として、「西方極楽の教主」すなわち阿弥陀如来《あみだにょらい》の「八丈の大仏」を造ろうとしていることを述べている。

浄光が大仏の勧進をしていたことはすでに『吾妻鏡』によって判明していたが、この跪《き》言上《ごんじょう》は浄光の側からのものであり、また、勧進の実態を伝える史料として大変貴重である。木造大仏は前年五月に頭を挙げているが、勧進は続いている。この勧進は大仏殿に関するものであろうか、あるいはほかにも目的があるのか、この点は次章の「木造大仏と銅造大仏の関係」の節で改めて触れたい。

ここにも「八丈の大仏」と書かれているのは、史料②と符合するが、この大仏が阿弥陀如来であることを記しているのは、この史料が最初である。この点でも重要な記述である。また、その目的が「東土利益の本尊」と書いているのも大いに注目すべきであるし、勧進が下知状を携えての、いわば幕府の命令書を前面に立ててのものだったことが分かり、そこから導き出されることも多いが、これらの点については、次章以降に詳しく述べる。

**大仏殿上棟**　史料①では、「大仏堂」と書かれていたが、建物としての大仏殿の建立経過を、初めて具体的に伝えているのは、『吾妻鏡』仁治二年（一二四一）三月二十七日条である（以下、史料④とする）。

廿七日乙卯。午《うま》の剋、大倉北斗堂立柱上棟す。前武州（北条泰時）監臨し給ふ、前兵庫頭《さきのひょうごのかみ》定員、信濃民部大夫入道行然等、これを奉行すと云々。また、深沢大仏殿同じく上棟の儀ありと云々。

大仏の頭を挙げてから、約三年、上棟の儀が行われた。木造大仏に、堂宇として大仏殿が確実に存在したことが判明することは重要で、銅造大仏と木造大仏の関係を考えるうえでも重要な記事である。なお、この記事は「大仏殿」という書き方の初出である。

この条は、大倉北斗堂の立柱上棟の方を先に書いている。大倉北斗堂とは、四代将軍藤《ふじ》原《わらの》頼経《よりつね》が発願《ほつがん》して嘉禎元年（一二三五）に建立した五大堂明王院内に建てられた堂で、仁治二年八月二十五日に盛大に供養されている。将軍建立の明王院は鎌倉の重要寺院の一つで、その中に新造のお堂が建てられる儀式は幕府にとっても大切な行事であった。当時執権として幕政の中枢にあった北条泰時が臨席しているのはそれゆえである。一方、大仏殿上棟のことは、二番目の記事で、特に要人の臨席も書かれていないのは、幕府にとってさほど重要視されていなかったことを示すのではないかという見方がある。しかし、これだけではそのように言い切ることはできない。二番目であるのは、単に開始時間が大倉北斗堂より遅かったからかもしれないし、また、文中の「同じく」は何を指しているのか、その内容によってはそれとは異なる解釈も可能である。この点は次章の「大仏は誰が、何のために造ったのか」の節で述べたい。

## 『東関紀行』

鎌倉時代の紀行文としてよく知られる『東関紀行』に、鎌倉大仏についての注目すべき記述がある。仁治三年（一二四二）秋のことである。これもやや長いが、大切な記述が多いので、当該部を掲げる（以下、史料⑤とする）。表記や文言は諸本により少しずつ異なるが、ここでは『群書類従』活字本に準じた。

そのほか由比の浦と云所に、阿弥陀の大仏をつくり奉るよしかたる《(語)》人あり。やがていざなひてまいり《(参)》たれば、たふと《(尊)》くありがたし。事のおこり《(起)》をたづぬるに、本《もと》は遠江《とおとうみ》の国の人、定光上人といふものあり。過にし延応の比《ころ》より関東のたかきいやしきをすすめ《(勧)》て、仏像をつくり、堂舎を建たり。その功すでに三か二にをよぶ《(及)》。烏瑟《うしつ》たかくあらはれて半天の雲にいり《(入)》、白毫《びゃくごう》あらたにみがきて満月の光りをかがやかす。仏はすなはち両三年の功すみやかになり《(成)》、堂は又十二楼のかまへ《(構)》望むにたかし《(高)》。彼《かの》東大寺の本尊は聖武《しょうむ》天皇の製作、金銅十丈余の盧舎那仏《るしゃなぶつ》なり。天竺《てんじく》、震旦《しんたん》にもたぐひなき仏像とこそきこゆ《(聞)》れ。此《この》阿弥陀は八丈の御長《おんたけ》なれば、かの大仏のなかばよりもすぐめり。金銅、木像のかはりめこそあれども、末代にとりては、これも不思議といひつべし。仏法東漸《とうぜん》の砌《みぎり》にあたりて、権化《ごんげ》力をくはふるかと、ありがたくおぼゆ。
(加)

『東関紀行』は、仁治三年に京都から鎌倉へ旅をした折の見聞を記した紀行文で、作者は源親行《みなもとのちかゆき》とも鴨長明《かものちょうめい》ともいわれるが、実際には作者不詳である。『東関紀行』については、古くからこれを実際の旅に基づいたものではなく、模擬的作り物とする説があった（荻野懐之「東関紀行につきて」『歴史地理』一二―六、一九〇八）。しかし、作り物であるか否かを問わず、その内容については、少なくとも大仏の記事に関する限り、疑う必要はないという反論もその直後に出され（平子、一九〇九a）、その後も同様に理解されている（たとえば、西川、一九五九）。

右に掲げた部分には、延応年間頃からの定光上人の勧進により、阿弥陀の大仏と堂が造られ、仏像と堂の工事は三分の二ができ上がっていること、大仏は八丈なので、東大寺の十丈余りの盧舎那仏に比べると、その半分よりは高いこと、東大寺像は金銅、この大仏は木像という違いがあることなどが語られている。「烏瑟たかくあらはれて……満月の光りをかがやかす」の部分は、『平家物語』巻五の東大寺大仏についての記述にこれとよく似た表現が見られる。また、十二楼というのは、中国の崑崙《こんろん》山上にあるという伝説上の仙人の宮殿で、大変に高いという比喩的表現である。

ここに勧進上人として登場する定光が、これまで述べてきた浄光であることはいうまでもない。古代・中世では音が同じであれば異なる字が当てられるのはよくあることである。浄光のプロフィールはほとんど不明なのだが、ここで「遠江の国の人」、つまり今の静岡県西部地方の出身であるとされるのはほかの史料にはない記述である。また、この大仏が木像であると明記したのは、これが唯一のものであり、非常に重要な記述である。「御頭を挙げる」と伝える史料④と併せて、この大仏が木造大仏であることを確かめられ、今の銅造大仏とは異なる像であることがはっきりする。

『東関紀行』は幕府側の記録でも、浄光側の記録でもないので、ここまでに挙げた史料とは性格が異なる。その意味では、浄光が勧進を行なったこと、阿弥陀の大仏であること、八丈の高さであることが記されているのは、ほかの史料内容の裏付けとしても意義がある。ところで、浄光の勧進が延応の頃からと記されているが、実際にはそれより前から始まったであろうと思われる。すると、ここに延応という年号が出てくるのは、浄光が西国《さいごく》に対する勧進の下知を申請した跪言上（史料③）が延応元年（一二三九）九月であったことと符合する。都人である作者がこの大仏の勧進を知ったのがその頃であったからかとも思える。

## 木造大仏の供養

『吾妻鏡』寛元元年（一二四三）六月十六日条の次の記事は、木造大仏および大仏殿の完成供養と考えられている（以下、史料⑥とする）。

十六日辛酉、未刻小雨雷電す。深沢村に一宇の精舎を建立し、八丈余の阿弥陀像を安んじ、今日供養を展《の》ぶ。導師は卿僧正良信。讃衆十人。勧進聖人浄光房、この六年の間都鄙《とひ》を勧進す。尊卑奉加せずといふことなし。

嘉禎四年（一二三八）に事始めが行われた大仏および大仏殿の工事は、この日に供養の儀式を迎えた。これ以前の『吾妻鏡』の記載と同じく、大仏は深沢村に造られたこと、八丈の阿弥陀仏であること、勧進聖人が「浄光房」であることが書かれている。これらの事項は、いくつかの史料に一貫しており、疑う余地はない。また、ここでは勧進は「この六年」としているので、嘉禎三年に始まったこととなる。前記したとおり、勧進や作業は嘉禎四年の事始めをさかのぼると推定され、これはそれを裏付けることになる。

この記事で注目されるのは、供養導師《どうし》良信《りょうしん》である。導師というのは、仏教儀式において中心的な役割を果たす人をいう。良信という人物は、文治元年（一一八五）に源頼朝が鎌倉に初めて建て、以後、鎌倉ではとても重んじられた勝長寿院《しょうちょうじゅいん》の別当を元仁元年（一二二四）八月八日から建長五年（一二五三）四月二十三日までの長きにわたって務めたほか、幕府やその要人が主催する重要な法会に多く用いられ、当時幕府の信頼が最も厚い高僧であった。その良信が導師となったということは、幕府も大仏造立を支援していたか、あるいはこの供養を重視していたことを示すとみられている。しかし、一方で、良信を手伝う僧侶は十人と、やや寂しいし、この供養には将軍、北条氏の人物やその側近など、幕府要人の参列が記録されず、幕府やその中枢人物にとって、大仏がどの程度重要視されていたかを疑問視する見方もある。これらについては、次章の「大仏は誰が、何のために造ったのか」の節にて改めて述べることにする。

## 金銅釈迦像の鋳始め

木造大仏の供養から九年あまり、『吾妻鏡』建長四年（一二五二）八月十七日条は、金銅の大仏が鋳造を開始したことを伝える（以下、史料⑦とする）。

十七日己巳（中略）今日、彼岸第七日に当れり。深沢の里に金銅八丈の釈迦如来像を鋳始めたてまつる。

この記事は、『吾妻鏡』が大仏の鋳造、すなわち銅造大仏について記した唯一の記事であるとともに、最後の記事である。したがって、鋳造作業の開始は分かっても、完成の記事がないので、この点が鎌倉大仏をめぐる大きな謎の一つとなっている。なお、大仏の鋳造に取りかかるまでには、原型からの型取りをはじめ、さまざまな準備が必要であるので、大仏鋳造に向けた作業そのものはずっと以前にさかのぼるであろう。

この記事における大きな難問は、大仏を「釈迦如来像」と記していることである。現在の鎌倉大仏は阿弥陀如来であるので、建長四年に鋳始めた大仏と現大仏との関係をどのように理解するべきであるか、実は江戸時代から多くの人が頭を悩ませてきており、今も決着していない。これも鎌倉大仏に関する最大の問題点の一つである。以上の問題点は、次章「木造大仏と銅造大仏の関係」の節で詳しく取り上げることとする。

## その他の記録

以上の七つが鎌倉大仏に関する最も基本的な史料である。それ以外に鎌倉大仏造営に関する同時代の史料としては、

・『吾妻鏡』仁治二年（一二四一）四月二十九日条に、幕府が囚人を逃がしてしまった罪により、その預け人から罰金を取り、それを「新大仏殿造営」に寄進したことがみえること（史料⑧）

・仁治三年三月三日に、鎌倉中の僧徒《そうと》の所従（家来や付き人など）に刀を持つことを禁じ、没収した刀剣を「大仏」に施入《せにゅう》する命令が北条泰時から出されていること（追加法二〇〇、史料⑨）

・建長二年（一二五〇）四月頃から同三年十二月頃にかけて、浄光が『相州新大仏一切

経』（現存は『大般若経』のみ）を書写させたこと（史料⑩）

・建長七年八月九日に、人倫売買銭を「大仏」に寄進する命令が幕府より出されていること（追加法三〇四、史料⑪）

などが挙げられる。これらいずれも重要な意味を持っているが、内容の詳しい紹介やそこから何が判明するかなどについては、それぞれに関連した箇所で述べる。

以上の史料により、鎌倉大仏造立の経過を簡単にまとめると、次のとおりである。

## 造営の経過

嘉禎四年（一二三八）三月二十三日　事始め
　　　　　　　　　　五月十八日　頭を挙げる
延応元年（一二三九）九月　浄光、北陸と西国に対し一人に一文の下知を申請
仁治二年（一二四一）三月二十七日　大仏殿上棟
仁治三年（一二四二）秋　『東関紀行』の作者、大仏が木像であると記す
寛元元年（一二四三）六月十六日　大仏殿供養
建長四年（一二五二）八月十七日　金銅釈迦如来像を鋳始める

このうち、最後の一つ以外はいずれも木造大仏に関する記録である。つまり、鎌倉時代の記録からは、寛元元年に木造大仏とそれを収める大仏殿が完成・供養され、その九年後に金銅大仏の鋳造が始められたことが判明することは間違いない。ただし、両大仏の関係や鋳造された大仏の完成時期は不明で、建長四年に鋳始められたのが現大仏に当たるのかについても、議論あるところである。

このように、鎌倉大仏の造営を伝えてくれる史料は、数も少ないうえに、肝心なところが分からなかったりで、史料から考えようとすると、隔靴掻痒《かっかそうよう》の感がある。しかし、それだけに、我々が推測、推定する余地も大いにあるわけで、そこが鎌倉大仏の魅力でもある。

# 大仏をめぐる議論の経過と問題点

## 江戸時代の地誌にみる大仏

大仏の研究は近代以降でもみても二十世紀初頭には始まっており、長い蓄積がある。これからの論述でも、それらをふまえることは大切である。大仏研究史についてはすでにまとめられているものもあるが（清水眞澄「『鎌倉大仏』―その問題点をめぐって」『神奈川の金銅仏』展図録、一九八八。および塩澤寛樹「鎌倉大仏研究著作・論文一覧」『鎌倉大仏史研究』一、一九九六）、改めて百年以上に及ぶ研究史を振り返り、その論点などをまとめてみよう。ただし、大仏の作風については前の章で、鋳造技術に関することは次節でまとめた。

現在も続く研究史のうえで、盛んな時期はおおよそ三つある。戦前、とりわけ二十世紀に入って一九二五年くらいまでが一つと、昭和三十二年（一九五七）から三十四年にかけて行われた昭和大修理を契機に、その後しばらくの間に行われた研究が二つめの山である。そして、三つめは平成以降である。現在は三つめの中にあり、本書もその仲間に入ることができるだろうか。ただし、それ以外の時期にも優れた研究が存在することはいうまでもなく、たとえば、大仏の研究史上最も基本的な書である清水眞澄氏の『鎌倉大仏―東国文化の謎』は、昭和五十四年（一九七九）の刊行である。

本格的な研究とはいかないが、鎌倉大仏についての考証作業は江戸時代から始められているので、それを覗いてみよう。地誌といわれる、その地域の地名・史跡名勝・歴史・伝承・産物などを編集した記録類の中には、単なる紹介に留まらず、考察に及んでいるものがある。徳川光圀《とくがわみつくに》が鎌倉の史跡をめぐった記録である『鎌倉日記《かまくらにっき》』を母胎とし、光圀が家臣に命じて貞享二年（一六八五）に編纂刊行した『新編鎌倉志《しんぺんかまくらし》』は、その古いものである。その巻五には、大仏を盧舎那仏《るしゃなぶつ》とし、暦仁元年（一二三八）に浄光が造作した仏は阿弥陀如来であるから、その仏は滅亡し、今の仏は建長四年に鋳た像かとしている。木造大仏と銅造大仏の関係、建長四年（一二五二）鋳造開始の像と現大仏の関係という、鎌倉大仏研究の重要な問題点について、早くも考察を行なっていることが注目される。

これより後の十九世紀の地誌としては、文政十二年（一八二九）刊行の『鎌倉攬勝考《かまくららんこうしょう》』、江戸幕府の手によって天保十二年（一八四一）に完成された『新編《しんぺん》相模国《さがみのくに》風土記稿《ふどきこう》』がある。前者では、はじめの木造の阿弥陀仏を建長四年に銅像の釈迦如来に鋳直したが、それもいつしか失われ、今の大仏は盧舎那仏であるとする。後者は、建長四年に鋳始めた像が今の銅像であるとする説と、この像が失われ今の大仏は盧舎那仏とする説の両方を紹介している。東大寺の大仏に影響されたのか、江戸時代の地誌類では鎌倉大仏を盧舎那仏とする見方が多いのは不思議である。

また、享保十九〜二十年（一七三四〜三五）成立の『鎌倉大仏縁起』を作成する際、大仏に関する文献を集めて、それに考証を加えた「大仏縁起附録」が作られていることが知られている（鈴木良明「『鎌倉大仏縁起』の成立をめぐって」『鎌倉大仏縁起』高徳院、二〇〇二）。地誌類とは違い、あまり一般に出回ることはなかったであろうが、その内容は近代に入ってからの研究に影響を与えたことも考えられる。

### 戦前の研究

戦前の研究においては、『吾妻鏡』や『東関紀行』、地誌類などの文献史料に基づく研究が主流を占めた。主な論点は、記録に表された大仏はどのようなものか（具体的には木造大仏と銅造大仏の二つ）、(ア)その両大仏はいかなる関係にあるのか、(イ)『吾妻鏡』建長四年（一二五二）八月十七日条に鋳造開始が伝えられる像と現存する大仏の関係、(ウ)それに関連して、『吾妻鏡』同日条に記される「釈迦如来」の記述をめぐる解釈、(エ)大仏の像高の問題、(オ)大仏の鋳造および鋳物師について、などである。

(ア)両大仏の関係については、前記『鎌倉大仏縁起』が典拠不明ながら、大風による倒壊を記しており、明治三十九年（一九〇六）には滝節庵《たきせつあん》（精一）氏が「鎌倉の大仏像」（『国華』一八九、一九〇六。以下「滝、一九〇六」とする）で、古記に宝治二年（宝治元年のことか）の大風が殿堂を覆し、銅製の像を鋳造したとあることを述べている。この見方は、その後多くの人に受け継がれ、実は現在も主流となっている。一方、中川忠順氏は木造大仏は銅造大仏の原型であるとの説を出している（「鎌倉大仏沿革略」『思想』四八、一九二五。以下「中川、一九二五」とする）。この問題は、次章の「木造大仏と銅造大仏の関係」の節で取り上げる。

次に、(イ)『吾妻鏡』建長四年八月十七日条に鋳造開始が伝えられる像と現存する大仏の関係については、両者が別像であるか、同一の像であるかという点をめぐって、(ウ)『吾妻鏡』同日条に「釈迦如来」と記されることとからめて、八代国治《やしろくにじ》氏（「誤られたる鎌倉大仏」『歴史地理』一二—一、一九〇八。以下「八代、一九〇八」とする）・荻野懐之氏（荻野、一九〇八）・平子鐸嶺《ひらこたくれい》氏（平子、一九〇九a）らによって論争があった。平子氏の主張した、両者は同一の像で、『吾妻鏡』建長四年八月十七日条の「釈迦如来」という記述は編者の誤りであるとする誤記説は今も有力な考え方である。これについても、やはり前述の節で改めて検討したい。

㈡大仏の像高については、大仏の像高が当初三丈五尺とみられていたことから、記録類に八丈と記されることとの違いをめぐって、議論があった。しかし、関東大震災後の計測により、大仏の実寸が三丈七尺五寸であることが知られ、足立康氏により、史料解釈が大いに進められ、古代・中世の仏像の像高記述の仕方、周尺という尺度や髪際高という概念が説明され、大仏の像高をめぐる問題はほぼ解決された。これらの経緯と像高をめぐる残された問題は、「大仏の謎を追う」の章の「大仏の像高と寺号」の節で説明する。

そして、㈤大仏の鋳造および鋳物師についてのうち、鋳物師に関しては前章で述べた。

**昭和大修理後および平成の研究**

昭和三十二年（一九五七）から三十四年にかけて行われた修理によって、大仏の重量や構造などに多くの科学的データが得られたが、それをきっかけに、荒木宏（『技術者のみた奈良と鎌倉の大仏』有隣堂、一九五九。以下「荒木、一九五九」とする）・西川新次（西川、一九五九。および「高徳院国宝銅造阿弥陀如来坐像の沿革」『高徳院国宝銅造阿弥陀如来坐像修理工事報告書』一九六一。以下「西川、一九六一」とする）・田沢坦（「鎌倉大仏に関する史料集成稿」『美術研究』二二七、一九六二）などの諸氏によって、それまでの研究成果を集成・総括するような見方が発表され、これまでの主な論点もいちおうは整理された感があった。この過程で、『東関紀行』の大仏に関する記事は信用すべきで、寛元元年（一二四三）供養の像は木造大仏であること、この像に堂宇が造られているから、両大仏の関係は木造大仏が銅造大仏の原型として造られたとは考えられないこと（後述のように、大仏鋳造の場合、周辺を土山で固めるので、お堂の中で鋳造作業を行うのは不可能であるから）、『吾妻鏡』建長四年（一二五二）八月十七日条に鋳造開始が伝えられる像は現大仏であり、『吾妻鏡』同日条に記される「釈迦如来」の記述は誤記であること、像高は足立説をほぼ踏襲して、寛元像同様、八丈像となること、などが共通理解として形成されていった。ただし、これらに再検討の余地はないのかについては、おのおの当該部分で述べる。

また、高橋秀榮氏により、『大仏旨趣』（二〇二ページ図32）という新史料が紹介されたことは特筆される（「金沢文庫保管『大仏旨趣』について―鎌倉大仏に関する新出資料の紹介」『金沢文庫研究』二七一、一九八三）。この史料は年号は書かれていないが、鎌倉期における大仏の勧進状かとみられ、八幡神の本地として阿弥陀如来の大仏を造立するという内容は、ほかにみられない重要記述である。

この時期から新たに論じられるようになった論点としては、(カ)造立の主体ないし支援者、(キ)造立の契機および目的、(ク)勧進上人浄光について、(ケ)造立の開始と完成時期、などがある。これらは、それぞれ鎌倉大仏の大きな謎であるとともに、鎌倉大仏とは何かを問ううえでも、きわめて重要な問題である。

平成の研究では、鎌倉時代社会の中で大仏がどのような存在として生まれ、認識されていたかという観点が多く、右の諸点は、平成になっても関心が高く、さまざまな意見が出されている。

これについて本書では、(カ)(キ)については「大仏造立の真相に迫る」の章の「大仏は誰が、何のために造ったのか」の節、(ク)は同「浄光上人と勧進」の節、(ケ)は「大仏の謎を追う」の章の「造立開始と完成時期」の節で詳しく取り上げ、筆者の見方も示す。

## 発掘調査から分かったこと

今世紀に入っての大きな成果は、大仏境内の発掘調査が行われ、従来分からなかった重要な事実が明らかになったことである。調査の報告書（『鎌倉大仏周辺発掘調査報告書』鎌倉市教育委員会、二〇〇一・二〇〇二）

および調査主任の福田誠氏の「大仏造立の痕跡を探る」（『鎌倉』九四、二〇〇二）によると、主に次の三点が明らかにされた（図35参照）。

一、礎石《そせき》の下を補強する遺構（根固め遺構）が確認され、柱の配置をほぼ確定できたことにより、かつての大仏殿の平面プランが解明されたこと。

二、大仏に向かって高まる斜面堆積が確認され、大仏がこの場所で鋳造されたことや、大仏鋳造の過程が明らかになったこと。

三、両年度ともに瓦は確認されず、創建時から大仏殿の屋根には瓦は使用していなかったと考えられること。

根固め遺構とは、礎石の下に直径三メートル、深さ二メートル規模の穴を掘り、穴の中に土丹《どたん》（粘土質）と砂利が交互に叩き締めて詰め込まれ、荷重のかかる礎石の下を補強した跡である。つまり、それがみつかれば、礎石の位置が確定できるのである。大仏殿については、今も礎石がたくさん残っているし、文献にも倒壊の記録があるので、かつては存在したことは分かっていたのであるが、実際にどの位置にどのくらいの広さの建物が建っていたのかが具体的に推定できるようになったのである。なお、根固め遺構に使われた砂利は、大仏付近のものではなく、相模川河口東側の茅ヶ崎東から辻堂にかけての海岸で採取されたと推定されている（松島義章「鎌倉大仏殿の礎石地盤を固める版築に使われた砂利の採集地（予報）」『鎌倉大仏周辺発掘調査報告書』鎌倉市教育委員会、二〇〇二）。

また、大仏を鋳造する際には、鋳型を固定・補強するため、その周りを土で固めてゆくと考えられていた。大仏は当然、下から順に鋳込んでゆくので、土も次第に高くなり、頭部を鋳造し終わった時には大仏は土山の中に隠れてしまっているだろう、ということになる。今回みつかった、大仏方向に向かって高まる斜面堆積は、まさにこの過程で造られた土山の一番下の層に当たり、鋳造後に土山を取り除く際に、最下層が削られずに残されていたのである。この確認により、従来推定されていた鋳造の工程が証明された。

また、一見地味な確認であるが、大仏殿は瓦を用いていなかったことが分かったのも、さまざまな意味を投げかけてくれるように思われる。なお、今回の発掘では、木造大仏の痕跡であると認められる成果はみつからなかったことも特記しておく。

このように、この発掘はこれまで推測しか方法のなかった諸問題に、大きな情報を与えてくれたのである。

## なお残る多くの未解決点

以上を振り返り、また史料解釈上の課題もあわせて、鎌倉大仏に関する未解決な点をまとめておきたい。

ここまでに挙げた、(ア)両大仏はいかなる関係にあるのか、(イ)『吾妻鏡』建長四年（一二五二）八月十七日条に鋳造開始が伝えられる像と現存する大仏の関係、(ウ)それに関連して、『吾妻鏡』同日条に記される「釈迦如来」の記述をめぐる解釈、(エ)大仏の像高の問題、(オ)大仏の鋳造および鋳物師について、(カ)造立の支援者ないし主体、(キ)造立の契機および目的、(ク)勧進上人浄光について、(ケ)造立の開始と完成時期、という九点のうち、ほぼ決着がついていると考えられるのは(エ)大仏の像高の問題くらいである。それ以外は、なお未解決なところが残されている。また、次節に述べる鋳造技術に関する事柄も他の問題とからんでいる部分もあるので、重要である。

さらに、大仏造立の背景、大仏が阿弥陀如来として造られた理由、寺院としての名称とその意味、大仏の立地など、これまで議論の少なかった課題も存在する。次章以下に、これらの点についてさらに掘り下げ、可能ならば本書なりに見方を示してみたい。

# 大仏鋳造の技術

## 鋳造技法の難問

鎌倉大仏は青銅を鋳造して造られたのであるが、具体的にはどのようにして行われたのだろうか。実は、鎌倉大仏は、鋳造の過程や技法にも意見の分かれている問題がある。原型は何で造られたのか、原型の素材によっては技法も異なるし、木造大仏が鋳造の原型であったのかについても議論があった。

鎌倉大仏を歴史的に考えるうえでも、鋳造技法を理解しておくことが必要になるので、ここで大仏鋳造の技術について述べることにする。ただし、鋳造全般に関することについてはほかに詳しく扱った書籍も多数存在するし、清水眞澄氏の『鎌倉大仏―東国文化の謎』（有隣堂、一九七九）にも適確な説明がなされているので、詳細はそれらに譲り、ここではそれらを参照しながら、鎌倉大仏の鋳造を理解するための最低限の説明に留めたい。

## 鋳造の基本

鋳造による作品は、同じ立体造形でも、木や石を彫り刻んでゆく彫刻や、粘土や土など盛り上げて造る彫塑《ちょうそ》とは違い、まず元になる形があって、それをいずれかの技法で金属に置き換えて造る。これから鋳造によって造ろうとする元の形を、原型と呼ぶ。原型の素材は古代に多い蠟や、土・木などが用いられる。原型を金属に置き換えるには、鋳型を造らなければならない。仏像を造る場合、鋳型の多くは土が用いられ、これを焼いて固めて造る。「焼成型」あるいは「真土型《まねがた》」とも呼ばれる。

鋳型のうち、原型の外側から取ったものを外型という。原型の外形をうつし取るわけであるから、外型は非常に重要である。外型から原型を除いて、中の空洞に熔けた金属を流し込めば鋳造はできる。しかし、小さいものならばこれでもよいが、大きいものは外型の内部に全て金属が詰まっていてはもったいないし、大きくなるにしたがって大変な重量となる。そこで、中型（内型）を造って、外型と中型の間に金属を流せば効率的である。鎌倉大仏も、もちろん外型と中型を用いており、内部は空洞である。

外型の造り方にはいくつかあるが、大きな像や複雑な形の型を取る場合は、型をいくつかに分割して取り、鋳造の時にそれを接合する割型《わりがた》という技法が多く使われる。鎌倉大仏

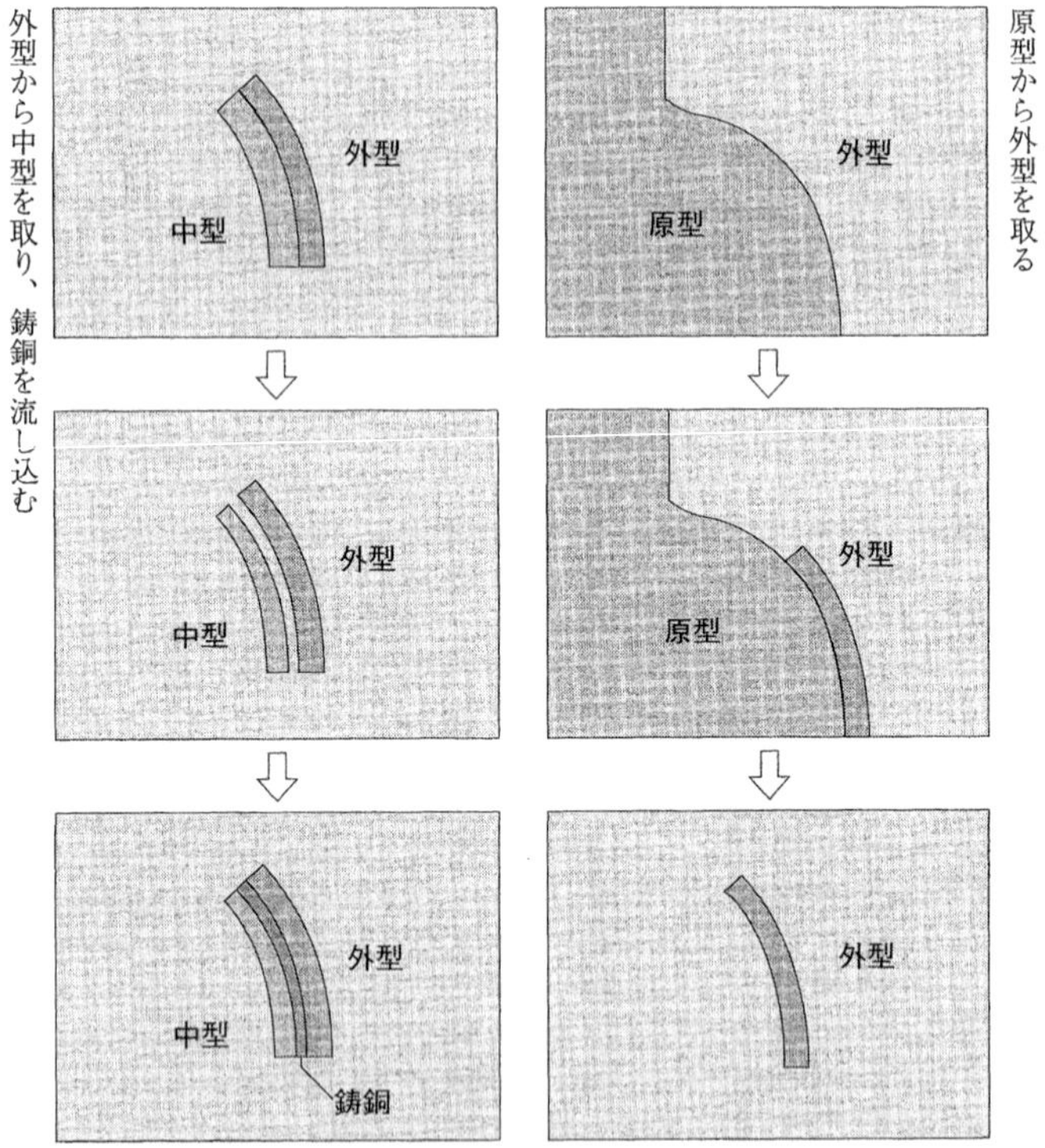


図19　型取り（清水眞澄「鎌倉大仏造立の経緯と問題点をめぐって」『鎌倉大仏と阿弥陀信仰』展図録、神奈川県立金沢文庫、2002をもとに作成）

でも割型が用いられている。割型によって鋳造すると、熔けた金属が圧力で型の隙間からわずかにはみ出すことが多い。このはみ出した部分を鋳張《いばり》という。

中型の造り方には、大きく分けて二種類ある。それは原型の材質とも関連していて、原型が土で造られている像（これを塑像《そぞう》といい、その土を塑土《そど》という）の場合、外型を取った後で、作品の厚みになる分だけ原型を削り、その削った原型を中型として利用するやり方が一般的である。この方法を削り中型（中子）という。原型から中型を造るので、効率がよいのが利点で、東大寺盧舎那大仏はこの方法によっているが、鎌倉大仏はこれを用いていない。一方、木や石によって原型ができている場合、削り中型の方法は使えないので、原型から外型を取り、その外型から中型を造り、中型を金属の厚み分だけ削るか、外型の内側に像の厚み分だけ土を貼り付けたうえで中型を取る。この方法は削り中型の場合よりも当然手間がかかる。

## 完成時は土の中—大仏の鋳造

大仏のような巨大な像を鋳造するのは、通常とは異なる作業工程が必要となる。大仏の鋳型は大きく、流し込む銅の量も多いので、その時にかかる圧力は相当なものになる。そこで、圧力に負けて型がずれるのを防ぐため、外型の外側と中型の内側に土を盛って型を押さえて補強するのである。鋳造は下から一定の高さずつ、一段一段行なってゆくので、型を補強する土山もだんだん高くなってゆく。そして、作業する場所も高いところに設けなくてはならないので、土山の外型に近いところを平らにして、そこで行うのである。つまり、頭部を全て鋳込んだときには、大仏はすっかり土山の中に隠れてしまうことになる。

この工程を実際に証明してくれたのが、平成十二年（二〇〇〇）と同十三年に行われた大仏境内の発掘調査であった。前節で述べたように、大仏を中心に大仏方向へ向けて高まる斜面堆積が確認され、この遺構こそが、外型の外側に土を盛った過程で形成された土山の一番下の層に当たり、大仏鋳造後に土山を取り除く際に、最下層が削られずに残されていたものと考えられる（図35参照）。

銅が冷えた後には、土山を取り除いて大仏を掘り出し、内部の土も出す。現在、大仏背面上方に二つの窓があるが、これは内部の土や補強材などを外へ出すために設けられたと考えられる。掘り出した大仏は、表面の鋳張を浚《さら》ったり、孔《あな》に埋金《うめがね》を施すなどして、仕上げに入るのである。

## 鎌倉大仏の観察から

以上の基本事項をふまえたうえで、鎌倉大仏の外側と内側を観察し、そこから分かることをまとめておきたい。

まず外側の観察で気づくことは、平行な横線が何本も入っていることである。これは、大仏は大きい像で、一度には鋳造できないので、下から順次鋳造していった

図20　鎌倉大仏の内側（井上久美子氏撮影）

わけであるが、その際の型の継ぎ目である。内側をみると、この横線以外に、縦横に四角く鋳張が多数認められる。これは各段をさらに細かく割った割型の境目にできた鋳張で、内側に鋳張があるということは、鎌倉大仏の中型は削り中型ではなく、中型を細かく割型にしているということである。そして、外側もよく観察すると、内側の鋳張と同じ位置に、鋳張を浚った痕跡がある。したがって、このことから鎌倉大仏は外型から中型を取ったことが分かる。

先ほども記したが、東大寺大仏は削り中型の方法を用いている。これは、大仏のような巨像を造る場合、原型を動かすことは困難であるから、原型を削って削り中型にすれば、その場所に据えたまま鋳造が可能である。しかし、原型から割型によって外型を取り、それから中型を取る方法だと、普通に考えれば原型とは違う場所に鋳型を据えなければならないし、技術的にも非常に難しい。したがって、鎌倉大仏が削り中型の方法を用いていないということは、何か理由があると考えられるのである。

## 鎌倉大仏鋳造法の諸説

それでは、過去には鎌倉大仏の鋳造技法について、どのような説が出されてきたのだろうか。鋳造に関すること、特に大仏のような大作についてとなると、かなり専門的な知識が必要であるから、これまでそれほど多くの研究が発表されたわけではない。

戦前では、中川忠順氏が、木造大仏と銅造大仏は別個のものではなく、「木造の阿弥陀は金銅に改鋳せらるべき釈迦の原型に供された」（中川、一九二五）と述べたが、技術的な説明はなされなかった。後ほど詳しく説明するように、木造大仏が銅造大仏の原型として造られたとする説は、この後にも現れる。

香取秀眞氏は、寛元元年（一二四三）に供養された大仏は木造ではなく、首だけが木造で、その大部分は土で造った物と断定するとした（香取秀眞、一九一二）。しかし、この説では内側に鋳張があり、中型も割型であったことを説明できないので、今は否定されている。ただし、全体を木像にしたものが今の位置にあって、それを銅に鋳直したとすると、銅像は木像と位置を異にせねばできないと指摘したのは注目してよい。

戦後、昭和三十二年（一九五七）から三十四年にかけて行われた修理を契機に、鎌倉大仏の技法論がいくつか出された。荒木宏氏は、木像の大仏を木型として使用し、その周囲に鋳物砂をつき固めて外型を造り、次に木像を取り除き、この外型を基にして中型を作り、小さく分割して取り外し、乾燥後再び元の位置に置いて鋳込みの準備をした、と述べた（荒木、一九五九）。これも木造大仏を原型とみる説で、それを具体的に説明した点は新しいが、単純に木造大仏を原型とみるわけにはいかないことは、西川説を紹介しながら述べる。

**塑土原型説**

西川新次氏は修理に携わったときの知見をもとに、「鎌倉大仏調査私記」（一九五九）を発表し、次の六点を述べた。

① 『東関紀行』の記事は明解で、疑いの余地がない、よって、寛元像は木像である。
② 寛元像が原型とは考えられず、十二楼のかまえの堂も仮堂とは思えない。
③ そうした大堂であれば、宝治元年（一二四七）の大風で破壊されたと考える方が自然である。
④ 宝治の災を受けなかったとしても、原型とは考えられない。
⑤ 木造大仏が原型の場合、これに五年の歳月を要して堂を構えることは全く不必要で、鋳造の時には再び堂を除く愚をあえてしなくてはならない。
⑥ 現大仏は塑土原型の割型使用の鋳造と判断される。この点からみて、寛元像が直接原型とすると、同一地における二仏並座となる。

西川氏は木造大仏を原型とみると、これに大仏殿が建てられたのは全く不必要であるし、同一地に二仏が並んでしまうとして、木造大仏原型説を退けた。鋳造に際しては、前述のように周りを土山で覆ってゆくので、建物があってはできないのである。これ以降、木造大仏原型説はこの問題の解決なしには成り立たなくなったのである。

しかし、この説では原型を塑土とした根拠がやや弱いことと、塑土原型でありながら、なぜ技法的にはるかに易しい削り中型を選ばずに、外型から中型を取るという方法を採ったのか、この説明がなされていない。

## 土型ブロック説

香取忠彦氏は、大仏の外側と内側の両方に鋳張があることを説明するため、次のような説を発表した（「鎌倉の大仏―鋳造考」『MUSEUM』三〇五、一九七六）。まず、大仏の体骨を建て、体骨に沿って五〇チセン角くらいのブロック状の土型を置き、大仏の大略を造る（これは後で中型になる）。その上に、鋳物の厚さになるだけ塑土を塗り、原型を造る。原型の上に、粘土を塗り、外型を造る。外型は後で取り外すために、適当な大きさに分割して造る。外型を外し、原型から塑土を土型ブロックのところまで取り去り、外した外型を元の位置に置いて、内外を土などで押さえる。こうすると、内外に鋳張ができる、という考え方である。

しかし、清水氏は、この方法によると土型ブロックの上に塑土を塗ってしまうので、ブロックが全くみえない状態で外型を割ってゆくことになり、外型と中型の鋳張が一致することはないが、鎌倉大仏ではこれがきちんと一致しているから説明がつかないこと、土型ブロックを大仏の大きさに積み上げるのは強度の問題があること、内側の鋳張の様子は折れ曲がったり、波打ったりしており、これと同じに土型ブロックが積んであったとは思えないなどとし、疑問を出している（清水、一九七九）。

### 木造大仏利用説

これらの諸説やその問題点を受けて、大仏の鋳造方法を説明したのは、清水眞澄氏である（清水、一九七九）。氏は、原型が塑像であったならば削り中型にするのが普通で、なぜはるかに手間がかかり、技術的にも難しくなる割型にしたか理解できないこと、大仏には塑像特有の捻塑性《ねんそせい》の表現があるとしても、型自身が土で造られるので、必ずしも原型が塑像とは言い切れないこと、さらに先に記した香取説への反論などから、原型を木型とした。そして、木造大仏がブロック状の四角い木材を積み上げて造られたならば、たとえ大風などで倒壊しても組み直すことが可能で、それを原型として用いたのではないかと述べた。その前提として、豊臣秀吉建立の方広寺大仏の雛形（図21）や、応永十九年（一四一二）の銘を持つ像高二八〇㌢の鎌倉・長谷寺《はせでら》木造阿弥陀如来坐像がブロック状の木塊を積んだ構造になっていることから、木造大仏もブロック積構造であったと推定している。

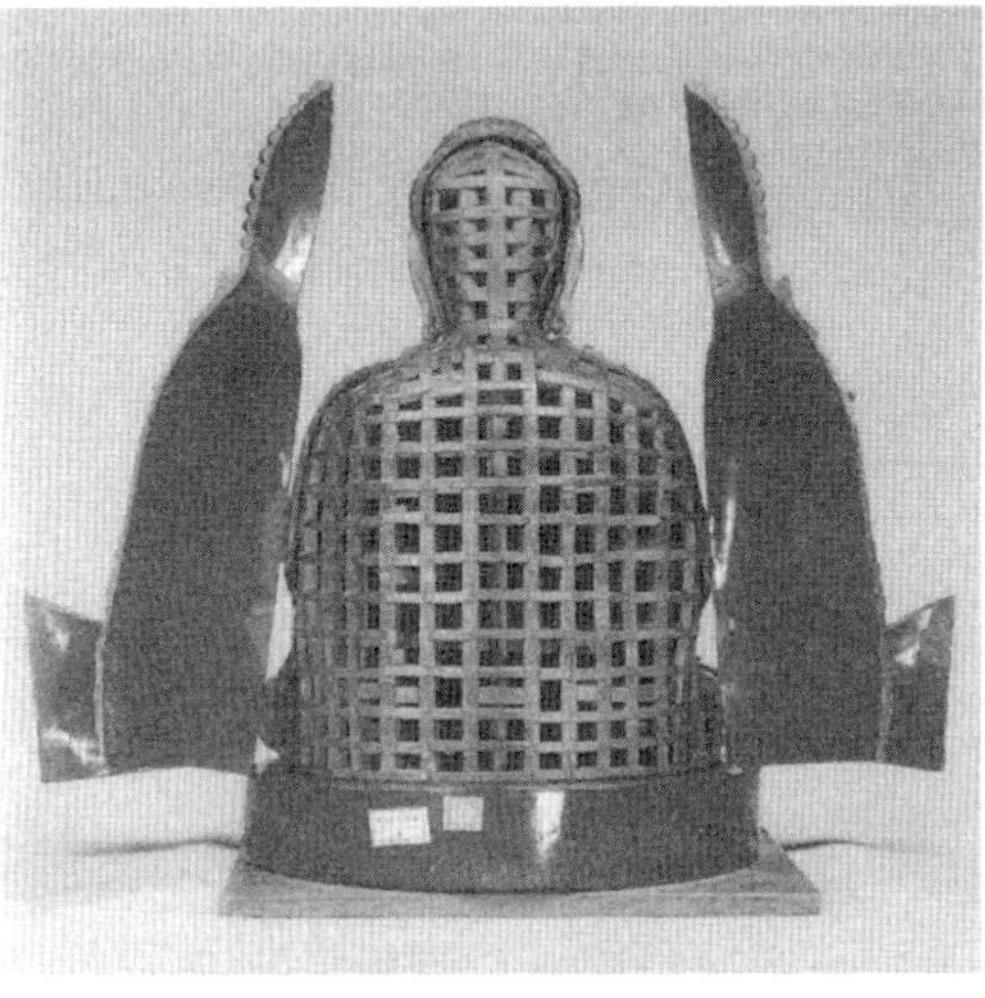

（内部木骨）

図21　京都・方広寺大仏の雛形
（東京国立博物館所蔵）

実際の鋳造工程では、木造大仏のブロックごとに外型を取り（ブロックの表側の大きさが外型一つ分になる）、この外型から中型を取った後、銅の厚みの分だけ削って、この二つの型を別の場所に固定させ、一段ずつ鋳造する（最初の段は脚部の半分あたり）。この方法は下の方で型の角度が少しでもずれれば、上の方は大きく変わってしまうので、大変難しい。そこで、近年の説では、実際には中型の内側にそれを固定できる構造体（たとえば塑像）があって、その周囲に型を置いたのではないかとしている（清水、二〇〇〇a）。

ただし清水氏は、木造大仏はあくまで本来原型のために造られたのではないが、原型とされたのは木造大仏が破損して残されていたので、これを修復し、原型として利用できたからで、ブロックの大きさが割型を取るのにちょうどよい大きさであったとしても、それは偶然であるとする。

清水氏の論は、鋳造の実態をよくふまえ、大仏の現状観察とも矛盾がないように構築されており、現在最も説得力のある説と理解されている。特に、木型原型とする点や割型の取り方などについては、今後も動きそうにない。

しかし、前提は大きく異なるが、清水説も木造大仏が原型となったという点ではほかの木造大仏原型説と共通し、仮に木造大仏があらかじめ原型として造られたこととの説明がつけば、それが素直なようにも思われる。この点は、次章の「木造大仏と銅造大仏の関係」の節でまた考えたい。

## 巧妙な鋳繰り

鎌倉大仏の鋳造に関して、特筆すべきこととして、鋳《い》繰《からく》りという技法が用いられていることが分かっている。これは細かく割った型と型の接点を強化するためのもので、次の三種類の鋳繰りを場所によって使い分けている。

①　上下に挟むように鋳込まれる方法で、主に胴体部などになされた。

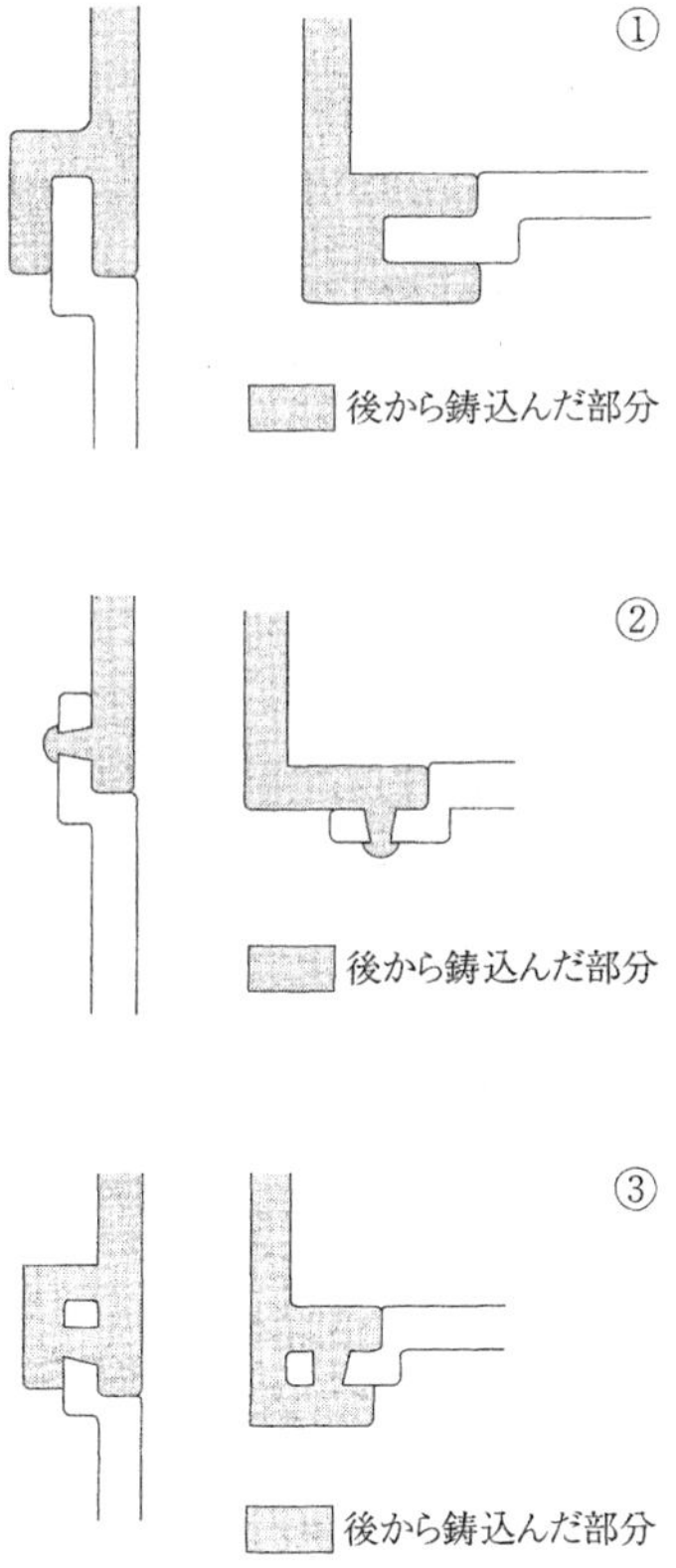


図22　鋳繰り（清水眞澄「鎌倉大仏造立の経緯と問題点をめぐって」『鎌倉大仏と阿弥陀信仰』展図録、神奈川県立金沢文庫、2002をもとに作成）

② あらかじめ空けておいた穴に、後から熔《と》けた銅が入り込み、頭が飛び出すようになる方法。

③ ①と②を組み合わせたような方法で、穴に熔けた銅を通し、さらに上から覆ってしまうように鋳込む。

これらは非常に精巧に、巧妙になされ、高い技術が用いられていたことが分かる。

このほか、像内には一つ一つの型に二個ずつ小さな環《かん》が付けられているが、これはどのように用いられたのか、まだ確定的な答えがない。

ここまで述べたように、大仏の鋳造技法には未だ完全に解明されたとはいえない部分もある。また、鋳造の問題は木造大仏をどう理解するかという問題とも絡んでいるので、単なる技術論・技法論に留まらず、歴史的な考察とも関わっている。これも鎌倉大仏研究を複雑にしている。大仏の研究はなかなか難しい。

# 大仏造立の真相に迫る

# 大仏は誰が、何のために造ったのか

## **大仏は浄光の企画か？**

あれほどの大像を、いったい誰が、何のために造ったのかという疑問は、鎌倉大仏を考えるうえで最も根本的な問いであろう。そして、この問題はこれから取り組むほかの全ての課題にも密接に関わっていると思われる。

そこで、まずこの問題から述べることとしよう。

「僧浄光《じょうこう》、尊卑緇素《そんびしそ》を勧進《かんじん》せしめ、此の営作を企つ」（史料①）

「事のおこり（起）をたづぬるに、本《もと》は遠江《とおとうみ》の国の人、定光上人といふものあり。過にし延《えん》応《おう》の比《ころ》より関東のたかきいやしきをすすめ（勧）て、仏像をつくり、堂舎を建たり」（史料⑤）

「勧進聖人浄光房、この六年の間都鄙《とひ》を勧進す」（史料⑥）
右に挙げた基本史料を読む限り、鎌倉大仏は浄光が企画し、勧進を行なって、でき上がった、という姿しかみえてこない。ならば、そのとおりなのではないか、という向きもあろうが、一介の僧が何の後ろ盾もなしに、ひたすら勧進のみによって、あれだけの巨像を造り、さらにそれを収める大堂を建てるという壮挙が、はたして可能なのだろうか、という疑問が起こるのも不思議ではなかろう。これまでの研究者も、この点を解明すべく、種々の論を発表している。

## 幕府の支援

大仏の完成が浄光個人の力だけではないとすれば、幕府の存在を想定するのはごく自然である。最初に幕府のことについて触れたのは、西川新次氏である。氏は、特に具体的にその根拠を示してはいないが（木造大仏の供養導師《どうし》良信《りようしん》が鎌倉で重きをなした人であったことなどからか）、「幕府の強い援助があったことは十分に推測し得る」とした（西川、一九六二）。

その後、より明解かつ具体的に幕府との関わりについて述べたのは、清水眞澄氏である（清水、一九七九）。清水氏は、「大仏造営が幕府の力でなされたのではないか」（八二ページ）、「大仏造営に幕府、執権北条氏の強い後ろ盾があった」（九二ページ）と述べ、その根拠として、六つの史料を挙げた。このうち、三つは大仏完成後の事柄であるから後ほど扱うことにして、大仏造立時に限れば次の第一・二・四の三つが該当する。また、上横手雅敬氏は大仏造立に幕府の関与が大きかった理由として、左の第一・二・四に加えて、次の第三の史料を挙げている（「鎌倉大仏の造立」『龍谷史壇』九九・一〇〇合併号、一九九二。以下「上横手、一九九二」とする）。これら四つを年代順に並べると、次のとおりである。

第一　「浄光跪言上《きごんじょう》」で、勧進について幕府に「下知《げち》」を願っていること（史料③）。

第二　『吾妻鏡《あずまかがみ》』仁治二年（一二四一）四月二十九日条に、預かっていた囚人を逃がした御家人《ごけにん》から過怠料《かたいりょう》を徴収し、新大仏殿造営料として納めさせたと記されること（史料⑧）。

第三　仁治三年三月三日に、鎌倉中の僧徒の従類・所従（家来や付き人など）に刀を持つことを禁じ、没収した刀剣を大仏に施入《せにゅう》する命令が北条泰時《ほうじょうやすとき》から出されていること（追加法二〇〇、史料⑨）。

第四　建長七年（一二五五）八月九日に、違法の人倫売買銭を大仏に寄進するよう、幕府の命令が出されたこと（追加法三〇四、史料⑪）。

いずれも、幕府が大仏造立を支援していると認められる具体的な内容を持っている。まず、この四つについて、簡単に説明する。

### 下知を願う

前の章でも述べたが、この書状は、浄光が北陸と西国に対し一人に一文の寄付を命じて下さるよう、幕府に願い出た書状とみられる。文面からは、すでに下知状は東海・東山・山陰・山陽の各地にも出されていることがうかがわれる。この「下知」について、清水氏は「下知というのは許可ではなく、公式の命令である」と述べ、この下知状を携えての勧進を上横手氏は「勧進といっても強制に近い」（上横手、一九九二）、浅見龍介氏は「勧進というよりはむしろ集金」としている（「新仏都に出現した宋風の巨像」『朝日百科　国宝と歴史の旅七・鎌倉大仏と宋風の仏像』朝日新聞社、二〇〇〇。以下「浅見、二〇〇〇」とする）。

この文言の指す内容は各氏の指摘どおりで、浄光が行なった勧進は決して単なる勧進ではなく、幕府による命令を前面に立てて行われたことが分かる。下知による勧進という事実は、非常に重いものであるといわなくてはならない。これは強制力の発動、権力の行使と言い換えてもよかろう。全国各地に点在した御家人は、下知状を示されれば、否応なく勧進に応じたであろうし、その配下にも促したであろう。現代の募金活動においても、実際には組織ごとに割当額が決まっているということもままある。こうした勧進でどの程度の金額が集まったのかは不明だが、あるいはかなりの額を集めることができたのかもしれない。

したがって、こうした勧進の実態から判断すれば、勧進の目的である大仏造立も、やはり幕府が直接的に関与した事業であったということになるし、これに留まらず、費用の確保については、次のようにさらに幕府の命令が存在するのである。

第二・三・四はいずれも寄進・施入と称される寄付行為であるが、単発的なものとそうばかりではないものがあるし、額の大きさや効果の問題などを含めて、少し内容をみてみよう。

## 囚人逃亡の過怠料

第二は、新田《にった》太郎政義と毛呂《もろ》五郎入道蓮光《れんこう》が、預かっていた囚人を逃がしてしまった咎《とが》による過怠料＝罰金である。これを幕府が「新大仏殿」に寄進したのである。上棟《じょうとう》間もない時期であるから、ここで新大仏ではなく、新大仏殿としているのは正確な表記である。なお、この記事は「新大仏殿」という語の初出である。

過怠料の額は、新田政義が三千疋、毛呂蓮光が五千疋、合わせて八千疋である。疋という単位は、銭十文のことで、百疋が一貫になる。八千疋は、銅銭でいえば八万枚、八十貫である。この額についてはこれまであまり顧みられていないが、田中浩司氏の試算では一貫はおおよそ十五万六千円くらいになるという（「日本中世における銭の社会的機能をめぐって」熊ヶ谷出土銭調査会・町田市教育委員会編『熊ヶ谷出土銭調査報告書』一九九六）。これをあてはめると、二人のこの時の寄付額はそれぞれ新田政義が四百六十八万円、毛呂蓮光が七百八十万円、合計で千二百四十八万円となる。これはかなりの高額といえ、この点は注目されてよいだろう。本来幕府に入れるべき収入を、大仏に寄進したのであるから、幕府の支援は明らかであるが、臨時的寄進とはいえ、その額は大きく、幕府関与の度合いの深さを示唆する。

ところで、この額はどのように決まったのだろうか。合計が八万枚という数字は少し引っかかる。上横手雅敬氏は、『八』という数字が、板東武者にとって特別な意味を持っていたように思えてならない」、「それ故に八幡の夢告で、八丈の仏を造ることになったのではなかろうか」としている（上横手、一九九二）。氏の説の当否は検証が難しいが、ここにも「八」が加わるのは何か関係があるのだろうか。そしてそれ以上に気になるのは、「はちまん」という読みである。『大仏旨趣』によれば鎌倉大仏は八幡神の本地として、阿弥陀如来が造られることになったとされる。八万という音が八幡に通じるのは、偶然であろうか。銅銭八万枚からこうしたことを連想するのはうがちすぎだろうか。

## 僧徒従類の刀剣の施入

第三は禁令に伴う寄進で、鎌倉中の僧侶の従類《じゆうるい》（付き人）が刀を身に付けることを禁じ（大仏関係論考の中には「僧徒の帯刀《たいとう》を禁じ」とするものもあるが、正しくは「僧徒の従類の帯刀」である）、没収した刀剣を大仏に寄付するというものである。僧侶の付き人たちの中には、常に乱闘を行い、殺害に及ぶなど、荒っぽいことをする連中がいたらしい。この禁令は追加法《ついかほう》と呼ばれる、幕府の法令の中にある。幕府の法令の基本は、貞永元年（一二三二）に北条泰時が制定した『御成敗式目《ごせいばいしきもく》』であるが、これに含まれないさまざまな法令がその後も出されており、これを追加法と呼んでいる。追加法の詳細は、牧健二監修、佐藤進一・池内義資編『中世法制史料集』第一巻（岩波書店、一九五五）にまとめられており、右に記した番号もそれによっている。この寄進は、性格としては第三・四と似ているが、罰金ではなく、刀剣の現物を寄進するという点が異なる。上横手氏は、刀剣は鋳つぶしたとしか考えられないとし、木造・銅造両大仏の制作に継続性を認める立場から、この法令が出された仁治三年（一二四二）ではまだ木造大仏も完成していないので、その頃すでに銅造大仏が企画されたとみている。両大仏の関係についてはここではさておき、清水氏も指摘するとおり、鉄の刀剣は銅造の大仏の材料にはならない（「鎌倉大仏研究の現状と問題点」『造形と文化―美術史論叢』雄山閣出版、二〇〇〇。以下「清水、二〇〇〇b」とする）。かである。鋳つぶすなら建物の釘・鎹《かすがい》などの材料にされたことは考えられるし（折しも大仏殿の建築中である）、あるいは売却して代金を寄進したかであろう。

### 人倫売買銭

第四の内容は、「浄光跪言上」（史料③）に劣らず重要である。これは人身売買に関する法令で、違法な人身売買を行なった場合、その対価は没収して、大仏に寄進するという内容である。注目すべきはその方法で、国々で運上《うんじょう》するのは大変なので、地頭の責任で行なって欲しいという「小聖《こひじり》」の申し出を聞き、そうした命令を幕府が出したのである。ここから分かるのは、

① 違法な人身売買は全国各地で行われるので、当然のことながら、それによる寄進も全国規模の広がりを持っていた。

② 幕府の任命によって全国の荘園・公領に置かれた地頭という職にある者が、職務の一つとして大仏への寄進を取り扱うことになった。

③ 浄光のことを指すかと思われる大仏関係者「小聖」の申し出を、幕府が全面的に聞き入れた。

という三点である。

この寄進は、規模が全国的であるうえに、期間も限定されないので、臨時的な寄進ではない。幕府収入の一部を大仏へ振り向けたということであり、幕府の関わり方としてはかなり直接的であるといえる。あるいは、かなりの額を集めることができたのかもしれない。また、運上を全国の地頭の職務としてもらうよう、幕府に命令を出させるやり方は「浄光跪言上」が下知を申請したこととよく似ている。いずれの点からみても、幕府は大仏造立にかなり正面から取り組んでいるようにみえる。

ところで、これらの幕府による寄進を理解するうえで大切なのは、ほかの法令との関連である。その点を上横手氏の指摘に基づきながら、考えてみる。

## 幕府の寄進・施入

第二の囚人に逃げられた過怠料については、逃げた者が謀反人《むほんにん》であった場合は所領を召し上げるが、それ以外は過怠料を取り、それを「寺社修理等」に当てるという法令が寛喜三年（一二三一）に出ており（追加法三四）、さらに天福元年（一二三三）には、囚人を預かっている京都の大番衆および在京の御家人が逃がしてしまった場合は、京都清水寺《きよみずでら》橋の修造を課す命令が出されている（追加法六一）。右の第二はその延長上にあり、寛喜三年の原則に基づいて幕府が行なった、一つの裁定といえる。

第四については、禁止されていた人身売買が、寛喜三年の飢饉《ききん》の時に一時許され、延応元年（一二三九）に再び禁止された。そして、寛元三年（一二四五）には、違法な人身売買での対価は払った人には返還されず、清水寺橋の用途に当てるという法令が出ていた（追加法二四四）。そして、その後の建長七年（一二五五）に至ってこれが大仏に寄進されることに変わったのである。

このように、大仏造立に対する幕府の寄進は、幕府の政策、あるいは全体方針の中で位置付けられるものであることが分かる。そして、法令という形を取っていることも重要で、法令によって行われる寄進は、その法令が撤回されない限り継続される。寄進の具体的実態はなかなか分からないが、決して単発的なものではなかったはずである。この点は、幕府の大仏に対する姿勢を考えるうえで大切な観点といえる。

## 「周八丈」という記述

これ以外に、関係史料の記述から幕府との関係を探ってみたい。

『吾妻鏡』嘉禎四年五月十八日条（史料②）に、大仏の大きさが「周八丈也」と記されているのは、大仏造立の主体者を考えるうえでも興味深い。『吾妻鏡』や『東関紀行』、「浄光跪言上」、『大仏旨趣』などの大仏関係史料には、大きさについて八丈と書かれることが多いが、周八丈とするのはここだけである。八丈なのか、周八丈なのか、いずれが正しい記述かといえば、どちらも正しいといえる。後者は周尺という尺度（通常の七、八割）に拠っているというだけあって、これも八丈には違いない。必ずしもほかの史料はそれを省略したというわけではなく、いずれも八丈なのである。

ところで、三尺（約九〇㌢）程度の像ならばともかく、大仏ほどの大きさの像が通常尺度の八丈像（坐像なので実寸は四丈）なのか、周尺の四丈なのかは、はたして、はたから見て分かるものだろうか。おそらく、ほとんど不可能に近い。とするならば、大仏が実際には周尺による八丈像であるという事実は、造立にかかわる関係者――主体者あるいは工事技術者――しか知り得ない事柄とみられる。とすれば、そうした記述が『吾妻鏡』にのみ記録されているということは、幕府が造立の主体者であったことを示唆する一証左と考えてよいのではなかろうか。

## 上棟と供養の様子

次に、木造大仏の上棟や供養に関する記事を検討してみる。

これまで、木造大仏の造営経過からみる限り、必ずしも幕府が大仏を重視しているようにはみえないとされてきた。上棟や供養などの節目に要人の参列が伝えられないためである。しかし、この点には別の見方もできるかもしれない。

前の章で史料④とした『吾妻鏡』の大仏殿上棟の記述は、大倉北斗堂（明王院北斗堂）

の立柱上棟に続いて書かれ、特に要人の臨席も書かれていない。しかし、先にも触れたとおり、二番目であるのは、単に時間が大倉北斗堂より遅かったからかもしれない。そして、「深沢大仏殿同じく上棟の儀あり」の「同じく」は何を指しているのだろうか。単に大倉北斗堂と同じ日にという意味に解せなくもないが、それならば、「同じく深沢大仏殿上棟の儀あり」と書きそうなものである。ここは、「同様に」という意味に解釈できないだろうか。つまり、深沢大仏殿も同様に上棟の儀があった、ということである。その場合、「同様に」の内容は大倉北斗堂の供養と同様にという意味になるから、北条泰時の臨席があったと理解することも可能である。とすれば、これまでのような、幕府が大仏の節目に冷淡であったと断定することはできない。一つの可能性として示しておきたい。

また、寛元元年（一二四三）に木造大仏供養の導師を務めた良信は、当時の鎌倉ではとても重んじられた勝長寿院の別当を長く務めた、幕府の信頼が最も厚い高僧であったことが知られている。良信が導師を務めたり、関わった法要は多いが、主なものを挙げれば、北条政子《まさこ》の追善供養《ついぜんくよう》（嘉禄二年七月十一日）、将軍頼経《よりつね》の疱瘡《ほうそう》平癒祈願のために造った仏像供養の導師（嘉禎元年十二月三十日）、北条経時《つねとき》出家の戒師（寛元四年四月十九日）などがある。やはり大仏殿供養で良信が導師をしたということは、幕府なり、その要人の関与が深いことを示唆しているとみてよいであろう。

**完成後の大仏と幕府**

以上、大仏や大仏殿の造営中に幕府が支援なり関与があった証《あかし》と思われる事項を取り上げたが、銅造大仏完成後の史料にも幕府との関係を示すものがいくつかある。前記した、清水氏が挙げた六点のうちの、次の三つが該当する。

第五　建治三年（一二七七）十一月二十日の日蓮《にちれん》書状「兵衛志殿御返事《ひょうえのさかんどのごへんじ》」に、大仏殿が　長楽寺などとともに、名越《なごえ》北条氏によって建てられたと記されていること。

第六　京都東寺に所蔵される『東寺百合文書《ひゃくごうもんじょ》』中の元亨三年（一三二三）「東寺申状案」に、東寺の寺領である八条院町に、「新大仏造営之棟別」が課せられたとあること。

第七　元徳元年（一三二九）の文書と思われる「金沢貞顕書状《かねざわさだあき》」（『金沢文庫文書』三七九）に、明春に関東大仏造営料唐船派遣の記事があること。

第五の日蓮書状は、彼が自分の支援者に送った手紙で、当時鎌倉で幕府の信任の厚かった忍性《にんしょう》を攻撃し、忍性に帰依《きえ》した北条一門の人々には悲惨な末路があることを説いたものであるが、その中には大仏殿が名越氏の建立と書かれている。名越氏は北条氏一門の中でも有力な家である。大仏殿建立が名越氏だけの手になるのか、この問題は「大仏殿の建立とその後の大仏」の章で触れるが、少なくとも日蓮は大仏殿は北条一門の営む寺院と認識していたことは、ほかの手紙からも明らかである。たとえば、文永五年（一二六八）に日蓮は幕府要人や北条氏と関係の深い寺々に十一通の書状を送っているが、その中に大仏殿が含まれている。

第六の史料は、なかなか背景がつかめないが、この「新大仏」が鎌倉大仏を指すとすれば、棟別銭《むねべつせん》（家屋の棟数別にかけられた税）という課税がなされていたこととなる。

第七の関東大仏造営料唐船については、森克己氏が戦前に紹介したもので（森、一九三六）、北条一門の金沢貞顕の書状に書かれている。この書状には年記がなく、森氏は嘉暦三年（一三二八）のものとしたが、その後、百瀬今朝雄《ももせけさお》氏により元徳元年（一三二九）であることが実証された（「元徳元年の『中宮御懐妊』」『金沢文庫研究』二七四、一九八五）。この頃、寺院の修理・復興などに際して、中国へ貿易船を出して、その利潤を当てることが行われた。ほかには建長寺《けんちょうじ》や勝長寿院《しょうちょうじゅいん》などにこうした船が出されたことが知られている。関東大仏、つまり鎌倉大仏についてこうした船が企画されていたならば、大仏に何らかの修理の必要が生じていたことになるが、その事情は今は分からない。それよりも、ここでは船の派遣を北条一門の有力者金沢貞顕が支援または企画していたことがうかがわれることが重要で、これも大仏と幕府のつながりを示す事例となろう。

さらに、弘安七年（一二八四）に忍性が永福寺・明王院とともに、大仏別当《べっとう》に任命されていることも意味が深い。忍性は後述するように、幕府と関係の深かった真言律宗《しんごんりつしゅう》の中心人物である。松尾剛次氏は永福寺・明王院の二寺はいずれも将軍が別当の任免権を持っていたので、大仏も管理権も将軍の手にあったと推測している（「鎌倉大仏」『鎌倉　古寺を歩く』吉川弘文館、二〇〇五。以下「松尾、二〇〇五」とする）。また、馬淵和雄氏はこの真言律宗が大仏造営に深く関与したとして、大仏は幕府と真言律宗の共栄の象徴とし、忍性の別当就任をその延長にあるとする（馬淵、一九九八）。

これらを眺める限り、完成後においても大仏は幕府ときわめて深い関係を持っていたということは確実であろう。

## 建立の主体

前述のとおり、幕府が大仏造立に深く関わっていたことを説いた説は、戦前にはなく、昭和三十六年（一九六一）の西川新次氏からである。それ以前は、浄光による企画・勧進とみられていた。先に述べたように、大仏と幕府の関係が密接であったのは間違いないが、それではその関係とは具体的にどういうものなのかについては、研究者によって少し違いがある。

最初に指摘した西川氏は、大仏堂あるいは相州新大仏の名で呼ばれていたのは、「本大仏が権威者の企てとしてでなく、念仏聖人の勧進に成った性格があらわれている」とし、造立の主体は浄光、幕府は「強い援助」をした存在としている。ほかに、援助・支援という見方をしているのは上横手氏で、「全面的な支援」とその程度を強調しながらも、浄光の発意が先行する可能性を述べているが（上横手、一九九二）、権力が先に立っても、個人が先に立っても、大した違いはなく、鎌倉大仏の造立は幕府の事業、ともしている（「鎌倉大仏について」『文化財学雑誌』二、二〇〇六。以下「上横手、二〇〇六」とする）。

一方、清水氏は、一聖《いちひじり》の勧進僧が個人の力で造立したとは思えず、一連の史料から、大仏造立は幕府、北条氏が関与しているとしたうえで、具体的には木造大仏造立当時に執権として幕府を率いた北条泰時が本来の企画者であり、経時《つねとき》がそれを継承、そして、実際にそれに関係したのは、叔父の時房《ときふさ》とその子朝直《ともなお》であったと推定した。さらに氏はその後、自身で注釈し、幕府の中枢にいた北条氏が、幕府の名においてできる費用の援助を行い便宜を図ったということであるから、「北条氏そして幕府」とするのがより適切で（清水、二〇〇〇a）、実際には北条氏の為政者《いせいしゃ》としての意図があったのではないかとする方が、説得力に富む（清水、二〇〇〇b）、とした。大仏造立の発意、企画を浄光ではなく、北条氏そして幕府とする考え方であり、いわば主体者としてとらえている。浅見龍介氏もこれに近く、大仏造立の発願者は北条泰時で、木造大仏を造立、そして銅造大仏の推進者は北条時頼であるとした（浅見、一九九六）。

このように、大仏と幕府の関わり方については、支援なのか、主体なのか、意見の分かれるところである。しかし、この違いは割合に大きいともいえる。そこで、筆者の見方を示す前に、鎌倉大仏はなぜ、あるいは何のために、造られたのかを考えてみたい。

## 古代・中世の神や仏

鎌倉大仏造立の目的を考えるにあたって、まずは古代や中世の社会では仏教はどのような存在であったのかについて、簡単に触れておく。

飛鳥時代に日本列島に導入された仏教が急速に発展したのは、国家権力と一体となっていたからであることは疑いない。そこでは、仏法の力により国家が護られ、社会の安泰がもたらされると信じられ、したがって、仏法の興隆は国家を護《まも》り、発展させることにつながると考えられていた。それゆえ、たとえば奈良時代には、朝廷を中心に仏法興隆は国策として推進され、国家はみずからの手によって寺を建て、仏を造り、経典を写し、僧侶を養成した。国によって建てられ、管理された寺（官寺）では、国家を護る祈りが捧げられた。平城京の東大寺盧舎那大仏および薬師寺・元興寺・大安寺・西大寺などの官寺、全国の国分寺と国分尼寺はこうして造られた。このような体制を国家仏教体制と呼ぶが、そのもとでは仏教を発展させることは政《まつりごと》の重要な一部であり、為政者にとっての責務でもあった。

この考え方を、底辺で支えていたのは、古代・中世では人のあらゆる活動は宗教や呪術、言い換えると神や仏と一体となっていたということであった。たとえば、豊かな実りをもたらすのは、単に技術だけではなく、神仏の加護が必要であり、日照《ひで》りや冷夏などの天変から救ってくれるのもまた、神仏であった。神や仏は社会に実体として存在し、人々はそれとともに生き、また、その加護によってさまざまな活動をなしえるのであった。

## 王法と仏法

仏法の力により国の安寧を実現させるという思想は、奈良時代のみならず、古代・中世を通じて受け継がれ、王法《おうぼう》（支配者の行う政すなわち政治）と仏法は、あいたずさえて発展する、仏法の栄えるところは王法も栄える、という意識を生み出した。この思想のもとでは、仏法の繁栄は正しい政治の証となり、逆に、政治を正しく行うためには、仏教が繁栄していることは必須であり、もし衰退していたならば、それを発展に導かなければならない。古代や中世において、国や為政者の手によって大きな寺院が次々に建てられ、焼ければ再建されてきた背景には、このような思想があった。

これを知れば、治承四年（一一八〇）にほぼ全焼した東大寺の復興に、源頼朝が多大の援助を行なったことも、よく理解できる。東大寺の盧舎那大仏は、奈良時代に聖武《しょうむ》天皇により惣国分寺の本尊、すなわち、国家を護るための根本の仏として造られ、それゆえ以後貴賤《きせん》を問わず尊崇を集めてきた。頼朝は大仏の鍍金《ときん》や開眼供養《かいげんくよう》・光背《こうはい》制作などに多額の助成をしたが、その総仕上げとして、建久六年（一一九五）の大仏殿供養の折に再び多くの金《きん》や米を奉納するとともに、大軍を率いて参列した。この供養で頼朝は、天下にその威光を示したともよくいわれるが、それだけではなく、盧舎那大仏を復興させた大功労者となった頼朝が天下に示したのは、為政者としての実力あるいは資格であったともいえる。そして、鎌倉大仏のことを考えるうえでも、東大寺盧舎那大仏という存在や頼朝の行動は大いに参考となりそうである。

## 王法・仏法と鎌倉大仏

清水氏や上横手氏も述べたように、鎌倉大仏が東大寺の大仏を意識したのは間違いなかろうし、これまで述べてきた、この時代における仏教や東大寺大仏の存在を考えれば、鎌倉大仏造立の意図もみえてくるように思われる。清水氏は、大仏造立は信仰面とともに、政治的にも権力の象徴であることをかつて述べているが（清水、一九七九）、より明確には、鎌倉を中心に政治を行う一つのあり方として、王法・仏法に通ずる大仏を造立する発想は十分あり得た（「鎌倉大仏造立の経緯と問題点をめぐって」『鎌倉大仏と阿弥陀信仰』展図録、二〇〇二。以下「清水、二〇〇二b」とする）、あるいは、鎌倉大仏の原点には、東大寺盧舎那大仏があることはいうまでもなく、王法・仏法の象徴として鎌倉に大仏を建立しようとしたように思える（清水、二〇〇七）と述べている。浅見氏は、大仏造立は権力の誇示ではなく、鎌倉という地が仏法によって守られている都であり、王法、すなわち政治を行うにふさわしい地であることを誇示するねらいであるとした（浅見、一九九六・二〇〇〇）。筆者も、王法と仏法が相たずさえながら発展するという思想が、鎌倉大仏造立の根源であると考えている。

## 大仏造立時期の幕府

承久三年（一二二一）の承久合戦で朝廷に勝利した幕府は、多くの所領を新たに獲得し、軍事力のみならず、経済的にも大きな力を得た。西国に獲得した所領には、新たに御家人《ごけにん》が配置され、全国規模で地域社会を押さえることも可能になり、朝廷を凌駕《りょうが》する全国政権へと成長した。それにつれて、法制面でも貞永元年（一二三二）に北条泰時を中心に『御成敗式目』が制定され、律令とは異なる、新たな法制度を確立した。

ただし、鎌倉時代は幕府だけの時代ではない。政権としての朝廷は依然として存在し、承久合戦以前ほどではないにせよ、乱後も一定の力を保持していたし、延暦十三年（七九四）から都として政治・文化の中心であった京都は、なお首都の体裁を保っていた。鎌倉時代は、日本列島に京都の朝廷と、鎌倉の幕府という、二つの政権が存在し、国土を二元的に支配していた時代であった。

## 王法の地・鎌倉

幕府がその本拠を置く鎌倉は、承久合戦後、都市基盤や制度面での整備が行われ、いわば日本の一方の首都として機能し始めた。鶴岡八《つるがおかはち》幡宮《まんぐう》前から海へ真っ直ぐ伸びる若宮大路《わかみやおおじ》とこれと直行する大倉方面への六浦《むつら》道を中心に、各道路は整備され、貞永元年（一二三二）に鎌倉の正面側の港として和賀江《わかえ》港が築かれた。祭祀においては、京都から陰陽道《おんみょうどう》がもたらされ、松尾剛次氏は、四角四境祭《しかくしきょうのまつり》と七瀬祓《ななせのはらえ》が、元仁元年（一二二四）から行われ始めたことを重視している（『中世都市鎌倉の風景』吉川弘文館、一九九三）。前者はもともと、京都では天皇の病気や疫病の流行を追い払うために行われ、大内裏の四隅と山城国の国境四箇所で行われてきたもので、これを鎌倉では御所（将軍の居所）と鎌倉の境界四箇所で行い、やがて執権の病の際にも行われた。後者も京都では、天皇の罪・穢《けが》れを負わせた人形《ひとがた》を周辺七箇所の河海の岸で流すものであったが、鎌倉では将軍の罪・穢れを流すものとなった。また、法会《ほうえ》では、天皇の即位に際して、皇位に就いている間に災いがないよう、一代に一度行うこととなっていた仁王会《にんのうえ》を、鎌倉では承久三年（一二二一）に初めて行い、以後、将軍の病気や天変地異の祭に頻繁に行なった。このように、祭祀や仏教法会の面でも、鎌倉は京都と肩を並べ、特に天皇の権威にまつわるものが多々導入されたことも注目すべきことである。

さらに、市中の制度では、嘉禄元年（一二二五）、京都に倣って、土地の面積を表す単位に丈尺制を用いた。この制はそれまで奈良と京都に限って用いられていたもので、一般の農村部では町反歩《ちょうたんぶ》という単位が使われていた。そして、保という地域区画ないし行政単位を設定し、地奉行《じぶぎょう》・保《ほ》奉行人などを置いて管理・保安維持をさせた。これは京都における検非違使庁・保々官人に相当するものであった。松尾氏によれば、これらの制度は嘉禄元年に御所が大倉から八幡宮の南側の宇都宮辻子《ずし》御所に移転したことと連動し、これをきっかけに鎌倉は首都としての顔を持つようになったという。

このように、鎌倉は単に幕府の本拠地、武門の府というだけでなく、さまざまな祭祀や法会が整えられた計画都市で、日本を統治すべく、政《まつりごと》、すなわち王法を行う場所となったのである。

しかし、それだけでは、鎌倉には未だ欠けている存在があった。王法とともに相たずさえながら発展すべき仏法の根本拠点—大仏—である。これが欠けている限り、鎌倉は真に王法を行うにふさわしい地にはなり得なかったであろうし、幕府は朝廷を超える存在にはなれなかったであろう。

## 大仏造立の目的と主体者

ここまで述べてきたことによって、鎌倉大仏造立の目的も明らかになったように思われる。大仏は王法を行う地である鎌倉において、どうしても必要であり、幕府にとっても、なくてはならない存在であった。もちろん、それはでき上がれば権威の象徴ともなるであろうが、それ以前に、政を行う者にとっては、その正当性を示すことができる、必須の存在であったのである。

したがって、大仏造立の主体者に対する答えもおのずとみえてくる。大仏を最も必要としたのは、鎌倉で政治を行うものである。つまりそれは、幕府ということになる。筆者は、鎌倉大仏造立の主体は幕府であると考えている。大仏造立の目的を考えれば、支援ではありえず、主体であったはずである。ただし、後述のように、支援にみせかけていた側面はあったであろう。

また、幕府と北条氏の関係であるが、清水氏は「幕府が大仏造営を正式の事業として実施したわけではな」く、幕府の中枢にいた北条氏が、幕府の名においてできる費用の援助を行い便宜を図ったということであるから、「北条氏そして幕府」とするのがより適切であるとする（清水、二〇〇〇a）。しかし、木造大仏と銅造大仏を造営した時期は、幕府政治のうえでは将軍にはほとんど権力はなく、実質的には北条氏、なかでも得宗《とくそう》家の北条泰時から時頼が実権を持っていたことは明らかであるから、北条氏得宗家と幕府をあまり厳密に分ける必要はないといえる。政権体としては幕府であり、それを動かす為政者として北条氏がいたわけである。したがって、氏自身が別に述べたように、北条氏の為政者としての意図があった（清水、二〇〇〇b）と考えればよく、大仏造立は事実上、幕府の事業であり、具体的には得宗家を中心に北条氏が、為政者としての必要性から推進した、ということになろう。そして、さらに人物を推定すれば、大仏の構想を立て、木造大仏を推進したのは、清水氏の指摘どおり北条泰時、それを承け、銅造大仏造立を進めたのは、浅見氏の述べた時頼ということになろうが、得宗家を中心に北条氏一門全体で推進したとみることもできよう。鎌倉大仏のことを考えてゆくうえで、誰が、何のために造ったかということは、最も根本的な問題であるが、本書では以後、この前提で述べてゆくこととする。

ただし、諸史料には、幕府の事業であったようには書かれておらず、浄光の発意と勧進によってでき上がったようにみえる。幕府が隠れているのはなぜであろう。この疑問は、勧進上人浄光という存在を考える中でみつかるように思われる。

# 浄光上人と勧進

## 浄光の事蹟

鎌倉大仏造立の目的と主体者を検討したうえで、次に勧進上人《かんじんしょうにん》と伝える浄光《じょうこう》について探ってみたい。浄光のことも大仏と同様、同時代史料が少ないのであるが、まずはそれらを年代順に挙げる。

一、『吾妻鏡《あずまかがみ》』嘉禎四年（一二三八）三月二十三日条に書かれる大仏事始《ことはじ》めにおいて、僧浄光が身分の高い人低い人、僧侶・俗人の別なく勧進して、この造営を企てた、とある（史料①）。

二、延応元年（一二三九）九月におそらく幕府に対して「跪言上《きごんじょう》」を提出し、北陸と西国に対し一人に一文の寄付を命ずる下知《げち》状を願い出た（史料③）。

三、仁治三年（一二四二）秋のことを記した『東関紀行《とうかんきこう》』に、「定光上人」は「遠江《とおとうみ》の国」（今の静岡県西部地方）の出身であり、延応年間頃からの勧進により、阿弥陀の大仏と堂が造られていることが記される（史料⑤）。

四、『吾妻鏡』寛元元年（一二四三）六月十六日条の木造大仏および大仏殿の完成供養の記事において、「勧進聖人浄光房」がこの六年の間勧進したと記す（史料⑥）。

五、「勧進聖人浄光」が建長二年（一二五〇）四月八日から同三年十二月にかけて大般若《だいはんにゃ》経《きょう》を書写させ、『相州新大仏一切経』（図23）と称す（史料⑩）。

六、良心《りょうしん》筆の『授手印決答受決鈔《じゅしゅいんけつとうじゅけつしょう》』には、浄土宗《じょうどしゅう》を開いた法然《ほうねん》の孫弟子で、浄土宗鎮西義《ちんぜいぎ》の祖然阿《ねんあ》良忠《りょうちゅう》が「大仏ノ浄光聖」を訪ね、浄光から一字の坊などが与えられ、その時、浄光は「大営未だ遂げざる」と述べた、とある。この書は、正元二年（一二六〇）三月の『徹選択鈔《てつせんちゃくしょう》』を著して以降とされる（納冨常天『鎌倉の仏教』かまくら春秋社、一九八七）。

七、文永十一年（一二七四）銘の千葉・満光院銅造阿弥陀如来《あみだにょらい》立像（図24）の銘文に「鎌倉新大仏住侶寛□」が浄光上人の菩提《ぼだい》を弔って造ったと記され、この時点で故人であることが分かる（「鎌倉大仏殿の建立とその性格―千葉県満光院銅造阿弥陀如来立像とその銘文を巡って」『MUSEUM』五四三、一九九六。以下「塩澤、一九九六b」とする)。

このほか、浄光を指すかと思われる記述を含む史料は次の二つである。

八、前に挙げた、建長七年八月九日に出された違法の人倫売買銭を大仏に寄進するという法令(追加法三〇四)の中で、没収した対価を国々で運上《うんじょう》するのは大変なので、地頭の責任で行なって欲しいという申し出を幕府に行なった「小聖《こひじり》」は、浄光を指すと思われる(史料⑪)。

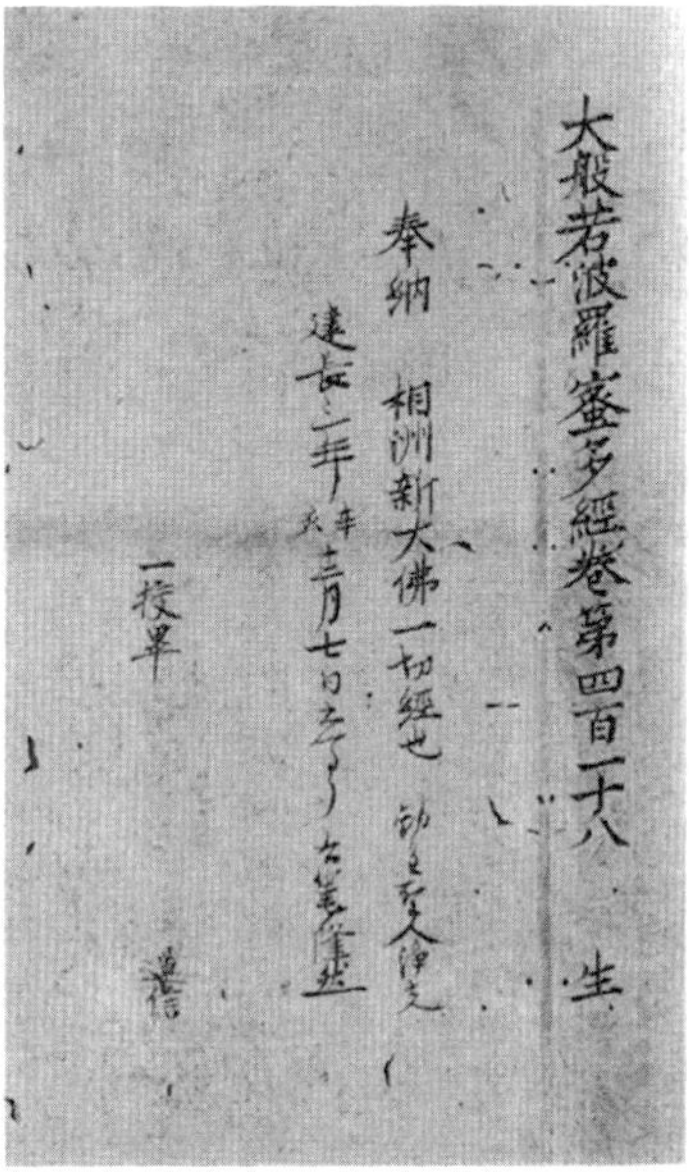


図23　『相州新大仏一切経』

図 24　千葉・満光院銅造阿弥陀如来立像

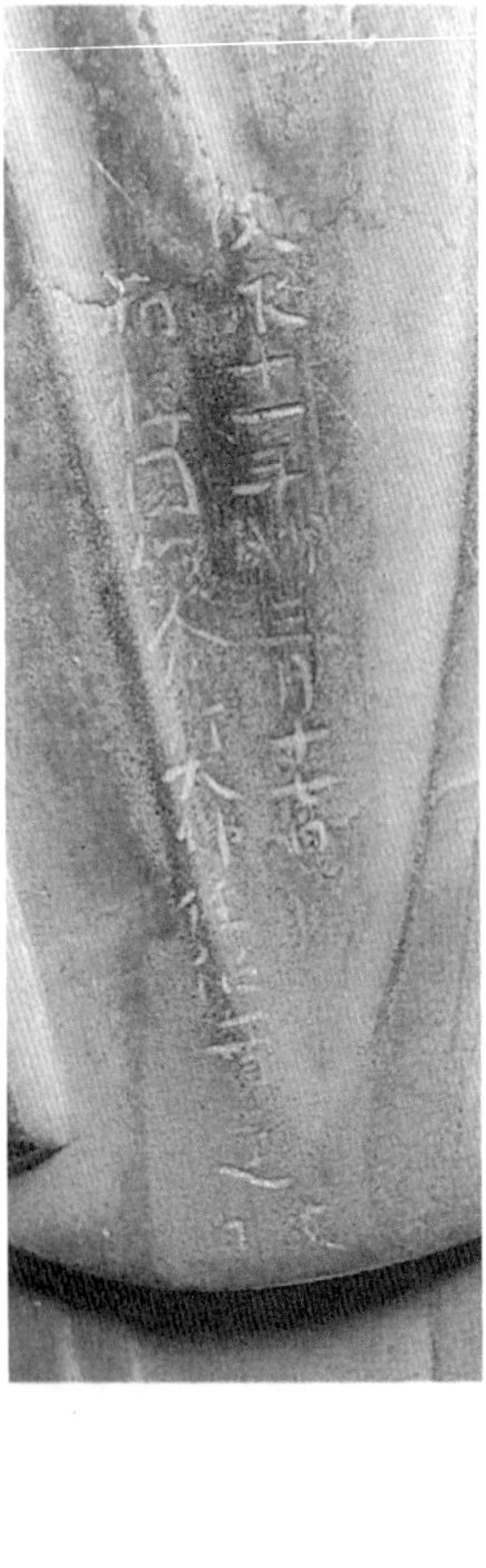

（同銘文）

九、鎌倉時代に書写された勧進状かと思われる『大仏旨趣』に、「八幡ノ社壇」で霊夢を感じて八丈の阿弥陀仏を造る発願をした「願主聖人」あるいは「勧進聖人」とは、浄光を指すと考えられる。

浄光のことを伝えるほぼ確実な同時代史料は以上の九件である。このうち、一・二・三・四は木造大仏に、六・八は銅造大仏に関わる事蹟で、五は書写時期からみてやはり銅造大仏の関連かとみられる。これらの史料から判明することを順に述べてみる。

**浄光のプロフィール**

第一には、浄光は木造大仏造立と銅造大仏造立を通じて関わったと推定されることである。木造大仏の勧進上人であったことははっきりしているが、銅造大仏においても、六の史料に「大仏ノ浄光聖」とされることや、八の「小聖」は浄光の可能性が高く、これは資金集めであるから、勧進上人の仕事であり、銅造大仏でも勧進上人を務めたと考えられる。

第二に、『東関紀行』にしかない記述であるが、遠江出身であると伝えられること。

第三に、二や八の史料から、幕府が浄光の求めに応じて命令や法令を出しているのであるから、彼は幕府とかなり親密な関係にあったとみられることである。一つの可能性として、彼が北条氏ないしその被官の出身であったことも推測できるのではなかろうか（その場合、彼の出身と伝える遠江国が早くから北条氏の支配の強い国であったことと関係があるかもしれない)。

第四に、浄土宗鎮西義の祖然阿良忠を以前から知っていたこと。

以上の四つを確認することができるが、これだけでは正直のところ、あまり大きな手がかりにはならない。

従来、阿弥陀大仏を勧進したことや、六の史料ともあいまって、浄光を浄土系の念仏聖と推定することが多かった。もちろんその可能性もあるが、勧進上人はさまざまな人たちと人脈があるのは当然であるし、五で挙げた大般若経書写は必ずしも念仏聖の行動にふさわしいともいえない。後で述べる高野山《こうやさん》との関係からも、ここでは浄光の仏教的系譜を念仏僧と断定することは避けておきたい。

すると、浄光のプロフィールは一段と淡いものとなり、史料から直接いえることだけでは彼の実像に迫れない。

## 勧進と結縁

そこで、浄光のことはいったんおき、まず勧進という行為と大仏との関係について考えてみよう。

勧進とは、もともとは人々に勧めて仏道に入らせることをいったが、寺社や仏像の造営・修理、橋や道路の建設などのために浄財《じようざい》を集めることをも指すようになり、殊に中世ではさまざまな事業に広く行われた。ただし、後者の場合、現在の寄付や募金と異なるのは、浄財を寄進するという行為が単なる施しではなく、仏との縁を結ぶこと―結縁《けちえん》―を意味していることである。したがって、人は勧進に応じて寄付することによって、仏と縁を結び、善根《ぜんこん》（仏教上のよい行い）を積むのであり、この点が大変重要である。

大仏の造営は、この勧進と常に密接に関わってきた。東大寺盧舎那大仏《るしやなだいぶつ》の造立は、聖武天皇の発願による国家事業でありながら、天平十五年（七四三）の事業開始直後から行基が勧進上人に任じられ、治承四年（一一八〇）焼失後の復興に際しては、翌年に俊乗房重源《ちようげん》が勧進上人となった。東大寺大仏の勧進について上横手雅敬氏は、『続日本紀《しよくにほんぎ》』に載る天平十五年十月の盧舎那大仏造立の詔《みことのり》には、天皇の富と勢だけで大仏を造れば容易に成就するが、それでは真心が通じないから一枝の草、一把の土でも提供して、造立を助けようとする者がいれば、それを受け入れると書かれており、勧進による造立を強調していると述べている（上横手、二〇〇六）。つまり、ここで勧進が行われたのは財源の確保が目的ではなく、大仏造立に多くの人々が参加することを促すためであったと考えられる。朝廷は、為政者《いせいしや》の力だけによって大仏を造るのではなく、国を護る根本本尊としての大仏に、多くの人々が結縁することが大切であると考えたのであろう。

鎌倉時代の復興では、重源は実際に財源や材料確保のために活躍しているので、結縁者を集めることだけが目的ではなかったが、勧進のスタイルが取られ、勧進上人が置かれるという形が踏襲されたのは、単に奈良時代の先例に倣ったというだけではなかろう。

## 浄光の実像

以上のように、勧進行為の意味と東大寺大仏との関わりをみてくると、鎌倉大仏において浄光が勧進上人を務めたことも、納得がいくであろう。この形が東大寺の先例に倣ったものであることは、清水眞澄氏をはじめ（一九七九）、多くの人が説いており、まず疑いない。勧進上人が置かれた意図についても、早く清水氏が「泰時の発想に基づいて浄光が現れたといわざるを得ない」と述べたことに、大筋が示されている。前節で、鎌倉大仏は王法を行う鎌倉に必須の存在として、幕府によって造られたと推定した。おそらく幕府は、東大寺の例をふまえて勧進上人を置いたが、その目的は財源確保もさることながら、多くの人々に鎌倉大仏との縁を結んでもらうことが重要であると判断したからであろう。

清水氏は「北条氏と浄光がどのように大事業を分担していたか、あるいは棲み分けていたか」と述べたが（清水、二〇〇二b）、右のように考えればその役割分担もはっきりしてくる。ただし、浅見龍介氏は大仏は幕府の事業で、浄光は北条氏の意により勧進上人となったという前提で、「浄光はどこまで実質的な働きをしたか不明。北条氏の意を受けて、勧進役を演じただけではないか」とするが（浅見、一九九六）、勧進上人を置いた目的を考えれば、実際に勧進は行われたであろうし、後に示す三重・善教寺《ぜんきようじ》阿弥陀如来立像胎内《たいない》に納められていた藤原実重《ふじわらのさねしげ》の『作善日記《さぜんにっき》』中の記事が鎌倉大仏についてのことであれば、勧進が実際に行われていたことを示す証となろう。

### 背後に回る幕府

ここまでの検討によって、なぜ『吾妻鏡』などに大仏造立が浄光主導のように扱われ、幕府の姿がはっきり出てこないのかということの理由もみえてくる。この点に関して浅見氏は、北条氏は表に出ないことに意義があり、一介の僧の発願で鎌倉に大仏が造立されたとすれば、鎌倉は仏法の栄える都とみられ、王法の行われるにふさわしい都とみられる、と述べた（浅見、一九九六）。この指摘はかなり当たっていると思われる。大仏造立は、鎌倉が王法を行う地にふさわしいことを示すために造られたのであれば、それをより効果的に訴えるためには、幕府みずからがなりふり構わず造立するよりも、浄光を前面に立てて幕府は背後に回り、自然にでき上がったという体裁を取る方がよいと考えられたのではなかろうか。鎌倉の地に、新たな大仏が出現した、この地こそ新しく王法を行うにふさわしい土地である、こうしたことを人々にアピールする演出がなされたのではないだろうか。

以上のように考えると、『吾妻鏡』が浄光のことを記述するたびに、「僧浄光、尊卑緇素《そんぴしそ》を勧進せしめ、此の営作を企つ」（嘉禎四年三月二十三日条―史料①）、「勧進聖人浄光房、この六年の間都鄙《とひ》を勧進す。尊卑奉加せずということなし」（寛元元年六月十六日条―史料⑥）のように、ことさらに浄光による勧進・発願《ほつがん》と尊卑の奉加を繰り返しているのは、浄光を前面に出し、大仏が自然に成ったことを示すとともに、多くの人々の寄進によって大仏が誕生したことを強調する意図があったようにもみえてくる。

## 高野山金剛三昧院と浄光

最後に、浄光の重要な事蹟を伝える可能性のある指摘について述べておく。

それは、浄光は、高野山金剛三昧院《こんごうざんまいいん》の四世浄光房阿闍梨栄信《あじゃりえいしん》と同一人物ではないかという指摘で、原田正俊氏によってなされた（「高野山金剛三昧院と鎌倉幕府」『仏法の文化史』吉川弘文館、二〇〇三。以下「原田、二〇〇三」とする）。氏は、金剛三昧院は住持《じゅうじ》の任免権が幕府にあり、一世の行勇《ぎょうゆう》をはじめ、幕府の支持する大勧進関係僧が何人も住持に就いているので、両者が同一人物である可能性はきわめて高いとする。これまで述べた、浄光と幕府の密なつながりを思えば、傾聴すべき指摘である。とすれば、浄光は単なる念仏聖ではなく、密教僧としての一面も備えた僧侶であったことになる。この頃はさまざまに兼修・兼学を積むことは珍しくないので、浄光もそうした人物であったかもしれない。

ただし、浄光房栄信が住持に就いたのは建長二年（一二五〇）であるので、銅造大仏鋳《ちゅう》造《ぞう》を控えたこの時期に浄光が高野山にいたとは考えられない。おそらく現地のことは代務者などに任せていたのではなかろうか。ここに代務者が置かれたのは、一世行勇の時にも例があり、隆禅《りゅうぜん》（二世を務めた後、寛元元年に東大寺大勧進となる）を派遣している。なお、隆禅は北条時房の養子となっていることも注目される。

では、なぜ浄光が金剛三昧院住持に任じられたのだろうか。この点はいっさい不明であるが、一定の名誉職的意味合いがあったのか、何らかの財源確保につながったのか、そのポストが勧進を推進するうえで有利であったのか、などの可能性が考えられる。

また、建長二年という年は、前に挙げた『相州新大仏一切経』を書写させていた時期である。そのテキストは、宋版の大般若経《だいはんにやきよう》であることが高橋秀榮氏により指摘され（「鎌倉の大仏に奉納された一切経」『印度学仏教学研究』五六―一、二〇〇八。以下「高橋、二〇〇八」とする）、氏は木造大仏の供養を勝長寿院別当良信がしているので、そのテキストは勝長寿院から借り出されたかと推定しているが、浄光が金剛三昧院住持であったのならば、必ずしもテキストの所蔵寺院を鎌倉の中に限定する必要はないであろう。

以上によって、大仏造立の推進者の実態が多少は浮かび上がったのではなかろうか。

# 木造大仏と銅造大仏の関係

これまで、木造大仏と銅造大仏はひとまず互いに関連ある事業として扱ってきたが、ここで改めてこの両大仏の関係について考えてみたい。

## 謎めいた関係

この問題は近代の鎌倉大仏研究史の中でも、最初期から扱われてきた、主要テーマの一つであり、それ以前の近世地誌類の中でも言及されている。すでに述べてきたことであるが、検討の前にもう一度経過をごく簡単にまとめると、木造大仏は嘉禎四年（一二三八）三月二十三日に事始《ことはじ》めがあり、仁治二年（一二四一）三月二十七日に上棟、寛元元年（一二四三）六月十六日に供養がなされた。そして、銅造大仏は建長四年（一二五二）八月十七日に鋳造《ちゅうぞう》が開始され、完成時期は分かっていない。この両者の関係を伝える史料はなく、全く不明であることが鎌倉大仏に関する問題を複雑にし、謎を深くしている。

**建長四年八月十七日条**

そして、これを考えるうえでいっそう問題をややこしくするのが、『吾妻《あずま》鏡《かがみ》』建長四年（一二五二）八月十七日条の「深澤の里に金銅八丈の釈迦如来像を鋳始めたてまつる」（史料⑦）という記述である。本書を含め、一般に、この時鋳造が開始された像を現存する大仏と解釈しているが、現大仏は阿弥陀如来《あみだにょらい》であるので、文字どおりに読めば、この記事の大仏は現大仏とは異なることになってしまう。そこで、まずこの点について整理しておくこととする。

近世の地誌を除くと、最初にこの問題に疑問を唱えたのは八代国治《やしろくにじ》氏で、氏は像種と像高の違いから、『吾妻鏡』記載の像と現存像は別物とし（八代、一九〇八）、荻野懐之氏は『東関紀行《とうかんきこう》』が模擬的作り物であるとの視点から、木造大仏があったことや大きさについて疑義を出し、寛元の大仏が金銅であり、今の大仏がそれではないかと述べた（荻野、一九〇八）。これに対し、平子鐸嶺《ひらこたくれい》氏は、『東関紀行』が偽作であるかどうかはさておき、その内容は信用すべきであることを説いて荻野説を批判。また、像高の問題でも後に記すとおり、現像の寸法と近いとし、釈迦の定印《じょういん》と弥陀の定印は似ていることから、『吾妻鏡』の「釈迦如来」という記述は編者の誤りであると述べた（平子、一九〇九a・b・c）。そして、平子氏以後、基本的には「釈迦如来」という記述は『吾妻鏡』の誤記であり、現大仏は建長四年八月十七日に鋳造が始まったという理解は多くの研究者に受け継がれ、今も広く行われている。

しかし、今世紀に入り、五味文彦氏は現在の阿弥陀仏は大幅な補修の手を加えられていることが明らかにされているという理由から、建長四年に深沢に鋳造されたのは、『吾妻鏡』の記事のとおりに金銅の八丈の釈迦如来像であったのではなかろうか、時頼が禅律仏《ぜんりつ》教をもって幕府の鎮護《ちんご》を祈るのであれば釈迦如来の方がふさわしいとし、鎌倉大仏は木造の阿弥陀仏から金銅の釈迦如来へ、そして後に金銅の阿弥陀仏へ三転した可能性を述べた（「場と力」『中世文化の美と力』中央公論新社、二〇〇二）。また、松尾剛次氏も大仏の印相部分は簡単に付け替えることができたというとしたうえで、当初阿弥陀如来として造られたのが、『吾妻鏡』編纂時には釈迦如来となっていたかもしれない、と述べている（松尾、二〇〇五）。

一方、清水眞澄氏は、鎌倉大仏が定印を結ぶ密教的な形であるので、密教では阿弥陀如来を大日如来と同体とする考え方があること、東大寺の大仏復興に際して盧舎那《るしやな》大仏を大日如来とみなす考え方であったらしいこと、などから定印の阿弥陀如来を造立することにより、鎌倉大仏に盧舎那仏としての尊格を持たせようとしたと指摘し、この時代の信仰にあった阿弥陀如来＝大日《だいにち》如来＝盧舎那仏＝釈迦如来という構図からすれば、必ずしも『吾妻鏡』は誤記とする必要はない、と述べた（清水、二〇〇七）。

## 現大仏は建長四年鋳造開始

右の諸説について簡単に補足すると、五味・松尾両氏の論は、『吾妻鏡』の記述は誤記ではなく、大仏の印相部分、すなわち両手首先の部分が修理ないし付け替えられたとみることにより、『吾妻鏡』の記述を解釈するもので、基本的には現大仏が建長四年（一二五二）に鋳造された像であるという理解になるし、清水氏の説は『吾妻鏡』の記述を仏教的解釈によって読み直したものであるから、現大仏が建長四年の鋳造開始であるという事実は前提とされている。すると、現在のところ、『吾妻鏡』建長四年記載像は、基本的には現大仏を指すとみる点ではほぼ一致しているといえる。

そもそも、この問題に対しては、決定的な結論は望めない。いくらさまざまな解釈を試みたところで、『吾妻鏡』は釈迦如来とし、銅造の現大仏は阿弥陀如来であるのは変わらない。そして、現大仏が鎌倉時代の制作であることもまず間違いないので、もし両者が別の像ならば、二つの銅造大仏が並んでいたことになる。しかし、それはあまりにも非現実的であるし、そうならば文献に何か残されていそうなものである。したがって、残された方法は『吾妻鏡』を誤記とするか、誤記でなければ何らの解釈を施すかとならざるを得ないのである。

ただし、五味・松尾両氏の論には大きな問題がある。このことについては近時に述べたことがあるが（塩澤、二〇〇九）、両説とも、今定印を結んでいる両手首先が制作当初のものではなく、後から修理なり付け替えるなりしたことを前提に述べている。しかし、両手首先が後補であるという具体的主張を、筆者は寡聞にして聞かないが、両説ではこの部分が本体とは制作時期が異なり、本体より後から造られた部分（後補）であるという論証は全くなされていない。確かに等身大程度の木像であるなら付け替えは容易だが、銅造の大仏となれば相当に困難であるし、現在像内からみても、付け替えたような痕跡は確認できない。すでに「大仏の形と表現」の章で述べたとおり、大仏の印相は鎌倉時代の関東に特有の珍しい形をしており、表現のうえでも本体と同時期の作とみて違和感はなく、後補とみることはできない。本書では、両手首先と本体を同時期の作と認める。したがって、両氏の説はまず成り立たないので、ここでは採用しない。

以上のように、『吾妻鏡』建長四年八月十七日条の「釈迦如来」という記述をどのように解釈するにせよ、このとき鋳造が始まった像が現大仏であることはまず動かないとみられ、それを前提に論じてゆくこととする。

少し回り道をしたが、ここで木造大仏と銅造大仏の関係についての諸説をまとめてみる。

## 両大仏をめぐる諸説（戦前）

両者の関係については、すでに貞享二年（一六八五）編纂刊行の『新編《しんぺん》鎌倉志《かまくらし》』に、現大仏を盧舎那仏とするが、暦仁元年（一二三八）に浄光が造作した仏は阿弥陀如来であるから、その仏は滅亡し、今の仏は建長四年に鋳た像かと考証している。また、享保二十年（一七三五）成立の『鎌倉大仏縁起』では「寛元の末へ一日、忽《たちまち》大仏殿海風にいらかやふれて、大仏もほと〳〵、雨露のために損壊ならせ給ふ。（中略）大願をおこして、金銅の尊像に鋳奉らんことを」とある。史料的根拠は不明であるが、木造大仏から銅造大仏への転換の契機に、自然災害を想定するという考え方は、十八世紀前半にさかのぼるのである。

この問題は近代に入ってからも関心を集め、滝節庵《たきせつあん》（精一）氏（滝、一九〇六）・八代国治氏（八代、一九〇八）が古記（『鎌倉大仏縁起』を指すか）によるとして、宝治二年（一二四八）の大風（宝治元年の大風を指すと思われる）によって建物が壊れ、改めて銅像が造られたという見方を出し、すぐに平子鐸嶺氏らに支持されている。一方、木造大仏は銅造大仏を鋳造するための原型であるという考え方が香取秀眞氏・中川忠順氏から出された（香取秀眞、一九一二。および中川、一九二五）。足立康氏は諸説を、①両者併存、②木造大仏は銅造大仏の原型、③木造大仏破壊後に銅造大仏を再興、の三つに整理し、このうち、併存説はありえないこと。大仏殿が落成《らくせい》供養している以上、木造大仏は原型ではなく、本尊として造顕《ぞうけん》されたことを示し、①②が成立し難い以上、③の再興説を認めるしかない、と述べた（足立、一九四一）。大仏殿が完成している以上、木造大仏は原型とは考えられないとした点について補足すると、前述のように、大仏の鋳造過程では鋳型を固定するために、周りに土を盛って固めてゆくので、頭部の鋳込みが終わったときには大仏は土山の中に埋まっている。足立氏は「原型を覆ふ本建築を営むことは、第一鋳造工作に対し多大な不便を与へ、第二には折角でき上がつた新しい殿堂を汚損する」と述べている。大仏鋳造は建築の中の狭い空間では到底不可能で、鋳造が済むまでは建物は建てられないのである。

足立氏の整理により、木造大仏が原型であるという説は、何か新しい考え方が出ない限り、そのままでは説明できないこととなり、以後、大筋でこの整理は認められてゆく。

## 戦後の諸説

戦後に行われた昭和大修理後の研究でも再興説が多いが、荒木宏氏は、延応元年（一二三九）の浄光跪言《きごんじょう》上の分析から、浄光ははじめから金銅仏を目指していたのではないかとした（荒木、一九五九）。この説は注目したいので、後ほどまた触れる。

西川新次氏は、寛元像（木造大仏）が原型とは考えられず、十二楼のかまえの堂も仮堂とは思えないこと。そうした大堂であれば、宝治元年（一二四七）の大風に破壊したと考える方が自然であること。宝治の災を受けなかったとしても、原型の場合、これに五年の歳月を要して堂を構えることは全く不必要で、鋳造の時には再び堂を除く愚をあえてしなくてはならず、原型とは考えられないこと。現大仏は塑土《そど》原型の割り型使用の鋳造と判断されるので、寛元像が直接原型とすると、同一地における二仏並座となってしまうことなどを述べ、再興説を支持した（西川、一九五九）。木造大仏が原型であった場合、大仏殿を建てて、供養までする必要はないという、戦前からの論が受け継がれている。

清水眞澄氏も、木造大仏は大仏殿を建て、完成供養をしているので、これで完成であり、したがって木造大仏が倒壊した後に銅造大仏が造られたことを前提とするが、前章のとおり鋳造技法からみて銅造大仏は木型原型とみられるから、破損しながらも残されていた木造大仏が結果的に原型に用いられたと説いた（清水、一九七九ほか）。鎌倉大仏が木型原型であることはまず動かないであろうから、この考え方は現在も最も説得力のある説といえる。

その後も、理論的に木造大仏原型説が唱えられたことはほとんどなく、上横手雅敬氏が両大仏に継続性を認めるとしただけで、両者の関係には深く踏み込んでいない（上横手、一九九二）。近年では、銅造大仏への転換の契機に大風などによる倒壊ではなく、大仏殿を解体して、あえて東大寺と同様の銅像に改めようとした可能性も出されている（清水、二〇〇二b。および塩澤、二〇〇九）。

以上のように、両者はそれぞれ完成した大仏であり、木造大仏は銅造大仏の原型として造られたとは考えられず、おそらく木造大仏の倒壊を契機に銅造大仏が造られた、という理解が支配的で、結果的に木造大仏を鋳造原型としたという清水説も広く認められている。

## 残された問題点

ここで、残された問題点を挙げてみたい。その最大の点は、鎌倉時代の信頼すべき文献史料の中に、木造大仏の罹災や倒壊を伝えるものがないということである。江戸時代の『鎌倉大仏縁起』などを引く形で、これまでの大勢の考え方は、木造大仏が宝治元年（一二四七）の大風で倒壊したことを銅造大仏への転換契機としているが、これはあくまで推測にすぎない。この点は、早くから森克己氏が指摘するとおりである（森、一九三六）。したがって、この前提が崩れれば別の契機を考える必要が生じるのである。

第二として、鎌倉大仏が幕府やそれを主導する北条氏の意志によって造られたのであるならば、そしてその前提として東大寺の銅造盧舎那大仏という存在があり、それを意識して造立されたならば、なぜ最初から銅造大仏の造立を計画しなかったのだろうか。やはり、木造大仏は原型だったのではなかろうかという素朴な疑問も湧いてくるし、清水説のように結果的に木造大仏を原型として用いることができたのならば、最初からそれを計画していたのではないかとも思えてくる。しかし、鋳造工程を考えると、木像を原型とした場合と塑土を原型とした場合を比較すると、木像の方が何倍も難しい。はじめから鋳造の大仏が計画されていたならば、その後に断然作業しやすい塑土によって造らなかったのはなぜか。さらに、大仏殿を建てたのはなぜかという大きな問題が厳然として存在する。

### 「新・木造大仏原型説」

そこで、本書ではここまでをふまえたうえで、両大仏の関係について次のような新しい考え方を示してみたい。

鎌倉大仏は、計画当初から銅造で造ることを意図していたのではなかろうか。筆者は、嘉禎四年（一二三八）に事始めが行われた木造大仏は、しかるべき時が来れば原型に供されることになっていたと考える。つまり、二つの大仏造立は幕府による計画的な、一貫した事業であった（その前提として、両像はともに八丈の大きさであることが判明している）。ただし、木造大仏は単なる原型ではなく、供養から鋳造開始時点までは、それが「新大仏」であり、その意味では、完成体であり、正式な大仏殿本尊であった。そして、材料・財源・技術者などの全ての条件が整ったとき、木造大仏は原型となり、「新大仏」は銅造大仏に受け継がれた。木造大仏の大仏殿は、鋳造に際し、いったん解体され、鋳造後にまた再建したのであろう。

右の考え方は、木造大仏は完成体と原型という両方の性格を持っていたとする点で、従来の木造大仏原型説とは異なる。よって、これを仮に「新・木造大仏原型説」と呼ぶこととする。この考え方ならば、「浄光跪言上」（史料③）に記されるように、木造大仏の頭が挙がった翌年以降も勧進が続き、追加法などによる幕府の寄進が行われているのも当然であろう。また、完成体でもあるのだから、供養をするのは当然で、寛元元年に供養が行われたのだから木造大仏は原型ではないという、木造大仏原型説に対する従来の問題点の一つはおのずと解決する。

しかし、前に木造大仏原型説の問題点を述べた後で、いきなりこうした考え方を示されても、多くの読者は納得できないであろう。そこで、本説に至る理由や従来出されてきた問題点との兼ね合い、この説に残された課題などについて、順次説明したい。

## 銅造大仏の意義

筆者がこの考え方を提案するのは、大仏が幕府を造立主体とし、いかなる目的で造られたかを考えるならば、はじめから銅造大仏を造ろうとするはずではないかという疑問からである。というのは、銅造によって大仏を造るという行為は、単に東大寺に倣ったというだけではなかったと思われるからである。

奈良時代の聖武《しょうむ》天皇当時において、銅造の大仏を鋳造する意味は、中国唐《とう》朝の則天武后《そくてんぶこう》によって古都洛陽《らくよう》の白司馬坂に銅造の大仏を造立したという先例をふまえたものであったとみられ、銅造、特に金銅造による造立は政治的・宗教的権威の象徴であったという指摘がある（紺野敏文「東大寺大仏造立の意義」『ザ・グレイトブッダ・シンポジウム論集一　論集東大寺の歴史と教学』東大寺、二〇〇三）。それに従えば、国家を護り導く仏法の象徴である東大寺盧舎那大仏を意識するならば、鎌倉大仏においても木造では真にその意味は果たされず、銅造大仏を造ることは幕府にとって必須のことであったとみるべきではなかろうか。『吾妻鏡』は木造大仏に関する記事では、いずれの箇所にもその材質についての記述がないが、よく知られる建長四年（一二五二）八月十七日の鋳造開始の記事には「奉鋳始金銅八丈釈迦如来」とあり、材質を明記することに注目したい。幕府の正史に金銅像であることが明記されていることからは、幕府の銅造大仏造立への強い思いをうかがうことができるように思われる。

それゆえ、もし従来から出されている問題点が解決できるのであれば、原型でもあった木造大仏を経て、銅造大仏鋳造に至ったと考える方がすんなり説明できる。そこで、以下にその問題点を検討する。

## 藤原実重の『作善日記』

まず、文献から本説を説明できるものはないであろうか。筆者は近時、鎌倉大仏に関しての記述である可能性のある史料を紹介した（塩澤、二〇〇九）。それは、三重・善教寺阿弥陀如来立像《ぜんきょうじあみだにょらい》胎内《たいない》に納められていた『作善《さぜん》日記《にっき》』中の記事である（図26）。作善とは、善行を行うことで、その積み重ねが来世を極楽へ導くと考えられていた。具体的には、僧への布施、寺社や仏像の造営・修理、あるいはそれへの寄進といった仏教的善行や、貧者・病人を救済するなどの社会的行為も含まれた。勧進《かんじん》への協力という形で行われることも多い。この『作善日記』は、像の願主藤原《ふじわらの》実重《さねしげ》が元仁二年（一二二五）以前から始めて仁治二年（一二四一）までに行なった、神仏

に対する作善の詳細な記録である。この中の延応二年（一二四〇）六月（二十八日か）の記事に、

かまくらの八尺のあみたつ（阿弥陀）
（造）くるひしり（聖）に米あかゝかね（銅）
せう〳〵（少々）ほうかす（奉加）

とあり、実重が鎌倉の八尺阿弥陀如来を造る勧進上人《しょうにん》に、米と銅少々を奉加したことを知ることができる。ここには「八尺のあみた（阿弥陀）」と書かれるが、はたしてそのような像の勧進活動が伊勢にまで及ぶのであろうか。時期からみても、この部分は、実重が「八丈の阿弥陀」を聞き違いないし記憶違いで、「八尺のあみた」と記した可能性も十分にあるのではなかろうか。『吾妻鏡』（史料②⑥⑦）、「浄光跪言上」（史料③）、『東関紀行』（史料⑤）などの諸史料が鎌倉大仏に「八丈ノ」を冠して表記することが大変多いのも、この推測を後押しする。浄光《じょうこう》が残した「浄光跪言上」によって、勧進活動は全国に及ぶことが知られていたが、右の推測が正しければ、跪言上の内容を裏付ける史料ともなり、重要である。この史料はこれまで鎌倉大仏との関連では注目されていなかったが、以上の点からみて、これが鎌倉大仏に関する新史料である蓋然性《がいぜんせい》は高いと思われる。

図25　三重・善教寺
阿弥陀如来立像
（四日市市教育委員会提供）

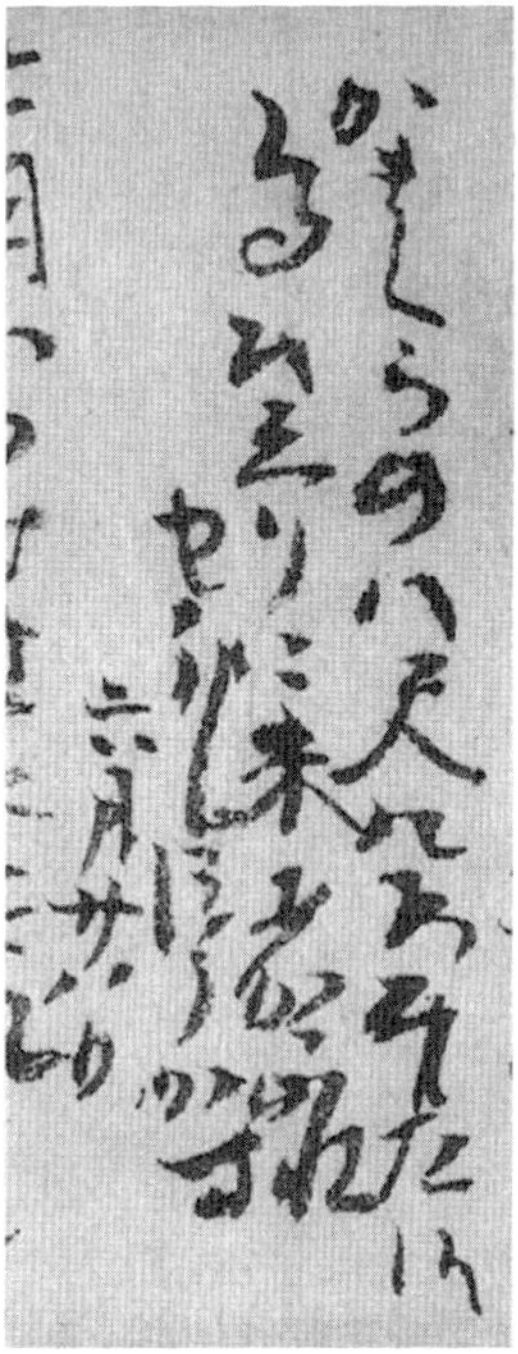

図26　『作善日記』延応２年６月条（同提供）

その場合、さらに注目すべきは、藤原実重が作善として「銅少々」を渡していることである。彼の膨大な作善記録の中には、ほかにこうした内容はなく、異例の記述であることから、ここでは銅を奉加《ほうが》することに意味があったと解することができる。とすれば、この銅は銅造大仏の材料として渡されたものではないかとの推定も成り立つ。

以上の前提に立つと、勧進上人が訪れたのが延応二年六月であったことも注目される。この時点は、寛元元年（一二四三）六月十六日の供養の三年前に当たるからである。仮に木造大仏供養の三年前の時点で、銅造大仏の材料が集められていたとすれば、すでにその時点で銅造大仏への転換は既定路線であったとの推測も導かれる。

## 荒木宏氏の説

いま一つ、文献から推定できるのは、かつて荒木宏氏が唱えた「新大仏勧進上人浄光跪言上」の解釈である。延応元年（一二三九）のこの跪言上には、日本国中から「一人一文」を集めれば、「四十五億八万九千六百五十九枚」（傍点筆者）になると書かれる。荒木氏は、金額としての「文」ではなく、「枚」と書いたこの表記は、枚数に意味があり、銅銭そのものを集めることが目的ではないかとし、鋳物の材料としての意図があったのではないか、と述べた（荒木、一九五九）。荒木氏のこの解釈は、従来顧みられることは少なかった。というのは、跪言上による勧進は木造大仏造立中のことであり、この時点で銅材料としての銅銭を集めることは考えられないとされてきたからである。しかし、鎌倉大仏の計画当初から銅造での造立が企画されていたとするならば、この批判は当たらないことになる。すでに上横手雅敬氏は、木造大仏と銅造大仏に継続性と認めるという立場から、荒木説に理解を示している（上横手、一九九二）。筆者も、この説は改めて見直す意味があると考えている。「一人一文」と書くならば、集まる総額も「文」で表記するのが自然ではなかろうか。

この頃、銅銭が鋳造作品の材料に使われた例として、『吾妻鏡』嘉禎元年（一二三五）六月二十九日条には、五大堂明王院の洪鐘を先日（十九日）銅銭三百貫文で鋳たが失敗し、この日三十余貫を加えて成功したと伝える。大きさは違うが、大仏と同時期に銅銭が銅造製品の材料に用いられたことを知りうる。銅造大仏の材料は、中国華南産であるということしか明らかでなく、いかにして調達したかという問題は、未だ解決していないが、この時期は銅材料の入手が難しかったともいわれる中、早い段階から材料入手が進められていたとの見方もできる。とすれば、荒木氏の指摘した文言も、当初から銅造大仏造立が計画されていたと推定する証となろう。本説の文献的傍証の一つと考えておきたい。

「新・木造大仏原型説」の内容で、最も説明を要すのは、木造大仏は大仏殿を伴う完成した本尊でありながら、やがて原型として用いることが当初からの予定であったという点であろう。なぜ、原型なのに、供養し、完成としたのだろうか。

## 原型なのに供養とは?

その理由は、一言で述べれば、一刻も早く新大仏として機能させたかったからではなかろうか。そもそも大仏は完成までに相当な時間を要すものである。鋳造大仏では建物は本体完成後でなければ着手できないから、本体鋳造から大仏殿建立を経て、さらに周辺工事まで含めれば、なおさら多くの時間がかかる。全ての完成を待っていては、その間は仏法の根本拠点たる大仏は存在しないことになる。大仏造立の目的は、造形としてそれができ上がれば事足りるわけではなく、仏としてこの世に存在し、国を護るべく験力《げんりき》を発揮してもらうためである。それゆえ、時間との戦いは大仏造立に常につきまとうのである。そして、十年、二十年という時間を見なければならないということは、造立を推進する為政者《いせいしゃ》にとっては、自分の代で供養できない恐れがあるという、現実的問題も絡んでくる。

それゆえ、東大寺盧舎那大仏では、奈良時代においても、鎌倉復興期においても、いつも中途での供養が行われてきた。天平勝宝四年（七五二）四月の開眼供養《かいげんくよう》では、鍍金《ときん》（金メッキ）は顔だけであったし、顔以外の部分の修正には供養後六年、台座の完成は四年後、光背《こうはい》の完成は二十年後、大仏殿の内部施工は十年後である。鎌倉復興期では、文治元年（一一八五）八月の開眼供養の折は、やはり鍍金は顔だけ、光背と大仏殿は取りかかってもいなかった。摂関家の九条兼実《くじょうかねざね》は、その日記『玉葉《ぎょくよう》』の中でこうした状況での供養を、「半作の供養、中間の開眼」と皮肉っている（文治元年八月二十八日条）。大仏というのは、常に中途での供養がなされるものなのである。

鎌倉大仏の場合も、今後さらに多くの時間がかかると思われる銅造大仏の完成を待たず、寛元元年（一二四三）の木造大仏供養の時点で、「新大仏」として、いわば生きた大仏を誕生させたのであろう。

しかし、東大寺では原型の完成時点では供養していないではないか、という批判もあろう。これはこの説の課題の一つであるが、おそらく鋳造の準備にかなりの時間を要することが予想されたからではないか。この点は、当初の大仏を塑像《そぞう》ではなく、木造としたこととも関わってくる。

## 大仏殿解体

次なる問題点は、いわば期間限定の完成体であり、やがては鋳造の原型となる木造大仏に、なぜ大仏殿を建てたのかという点である。大仏殿を建ててしまったら、それを壊さなければ鋳造に移れないからである。この点は、木造大仏が原型として造られたわけではないとされた根拠のうち、最大のものであったろう。これについて西川新次氏は、「原型の場合、これに五年の歳月を要して堂を構えることは全く不必要。鋳造の時には再び堂を除く愚を敢えてしなくてはならない」と述べている（西川、一九五九）。

確かに、現代的価値観からすれば、十年ほどたてば解体しなくてはならないにもかかわらず、大仏殿を建てるのは、非合理的である。しかし、それは時間的あるいは経済的効率性という観点からであって、古代・中世の仏教造形にあっても、同じ理屈が通るとは限らない。この場合でいえば、作業の終着点は銅造大仏の完成にあるが、目的は仏法の根本拠点となる大仏を一刻も早く鎌倉の地に誕生させることである。銅造大仏の完成も重要であるが、これに劣らずその過程においても新大仏が存在することは大切なはずである。

このように発想を変えるならば、木造大仏の大仏殿の問題はあっさり解決できる。大仏として完成・供養し、験力を発揮する木造大仏を野ざらしにするわけにはいかない。本尊たる木造大仏には大仏殿が必要であった。必要だから建てたまでのことであろう。そして、鋳造の段階になれば、今度は作業上の必要から、大仏殿はいったん解体した。建造—解体

―再建という過程は、それぞれ必要だから行われたのであり、決して愚かなことでも、理に合わないことでもない。

木造建築は解体・移動することが可能で、実際に古代から移築は行われた。大仏殿の解体となると楽な作業ではなかろうが、移動はほとんどないので、十分可能である。当然、大仏殿は近い将来に解体することを前提に建てられたであろうし、仕上げなども最小限に留めたであろう。

木造大仏の大仏殿が解体を前提に建てられたという推測を助ける材料がある。それは発掘の結果、瓦が出なかったという事実で、現大仏の大仏殿は瓦葺きではなかったことが指摘されている（『鎌倉大仏周辺発掘調査報告書』鎌倉市教育委員会、二〇〇二）。これは木造大仏時代の大仏殿が、解体を前提としたため、瓦を用いない屋根とし、その形がそのまま再建後も継続されたからではなかろうか。

### なぜ木造としたのか

三つめの問題点は、いずれ原型として用いるつもりがあったならば、なぜ鋳造に断然有利な塑像とせず、木像にしたかという点である。この点は本説の最大の課題である。

これについては決め手となる証拠を示すことは難しいが、この時代は材料としての銅や鉛などの確保が困難であったと推定されることと関連しているのではなかろうか。飯沼賢司氏は「平安中期以降、鋳銭の断念もあり、国内の銅生産は長く低生産の状態にとどまっていた」とし、十二世紀半ば以降、宋からの膨大な宋銭の輸入量は銭貨としての使用量をはるかに超えていたと思われること。国内でまだ銭貨が流通しておらず、国家がそれを制度としても認めていない十二世紀半ばから宋銭を輸入したのは、銭そのものを材料として輸入していたと考えた方がよいと述べ、鎌倉大仏の材料にも宋銭を当てる考え方を示した（飯沼賢司「銭は銅材料となるのか—古代〜中世の銅生産・流通・信仰—」小田富士雄・平尾良光・飯沼賢司共編『経筒が語る中世の世界』思文閣出版、二〇〇八）。その前提として、平井良光氏による鉛同位体比測定により、一一五〇年頃を境に経筒の材料が日本産から中国産へ変換したことが分かったという指摘がある（平尾良光「材料が語る中世—鉛同位体比測定から見た経筒—」前掲書）。飯沼氏も述べるとおり、大仏の材料が宋銭であるか否かについてはさまざまな意見がある。大仏材料の産地については、すでにやはり平尾氏により中国華南産と考えられることが指摘されている（平尾「大仏の材料の産地はどこか」、『朝日百科国宝と歴史の旅七・鎌倉大仏と宋風の仏像』朝日新聞社、二〇〇〇）。そして、銅が七〇％たらず、鉛約二〇％、錫一〇％たらずという大仏の化学的組成が、宋銭と近いことも事実であるが、素材の輸入を想定する意見もあり（馬淵久夫「雲版の原材料はどこからきたか」前掲書）、大仏が宋銭を主たる材料としたかについては、なお確定しがたい。

しかし、ここで重要なのは、平安中期からの国内銅生産の低調さと、十二世紀半ば以降の銅製品に中国産原料を用いているものが多いこと、鎌倉大仏の材料も中国華南産と考えられるという事実である。国内産の銅の産出が盛んであった奈良時代とは異なり、この時代においては、輸入宋銭を用いたにせよ、素材そのものを輸入したにせよ、いずれにしても材料を中国産に依存している以上、銅造大仏を造る材料を確保するには相当な時間と労力を要した可能性が高いという推論が導かれる（この面からも荒木説は見直されよう）。

筆者は、これこそが、いずれ原型とすることを予定しながら、最初に木造で大仏を造った理由ではないかと考えている。原型完成後にすぐさま鋳造準備に取りかかれる見通しが立たず、完成後十年、あるいはそれ以上を要するという想定があったとすれば、塑像の原型では耐久性に不安があり、強度の面から木造を選択したのではなかろうか。

木造大仏の構造面からも、原型となる準備がなされていた可能性を探ることができる。

## 木造大仏はブロック構造か

前章の「大仏鋳造の技術」で説明したように、現大仏は下から順に一段ずつ鋳造してゆき、同じ段の中ではいくつもの細かい型に分けて鋳込んでいることが分かっている（割型）。そして、外側の型の継ぎ目と内側の型の継ぎ目の位置が一致しているから、中型は塑像原型を削った削り中型ではなく、原型からブロック状に外型を取り、この外型から中型を取ったと考えられている。

ところで、前に述べたように、木造大仏の構造について清水氏は、木造大仏もブロック積構造であったと推定し、鋳造に際してはそのブロックごとに型を取ったのではないか（ブロックの表側の大きさが外型一つ分になる）、と述べている。さらに氏は、一歩進めて、そうであれば、たとえ倒壊したとしても、改めて積み直さなくても、ブロックごとから型を取り、それを鋳造するときに組み合わせることによって大きな像に鋳上げることもできよう、としている。

筆者はこの考え方に大いに賛同する。この方法によれば、木造大仏から効率的に型を取ることができるし、現大仏の型の様子を無理なく説明できる。清水氏は、「これは鋳張りの見える大きさが、一ブロックの大きさにしてもおかしくないと思うだけであって、木像を造った時には、鋳造することを前提としていないのだから、もし用いたとしても偶然に利用しただけ」（清水、一九七九）と述べるが、本書は木造大仏は原型となることを予定していたという立場なので、型取りの便を考えて、あらかじめ意図してこうした構造を用いたとみたい。

## 木造大仏も解体か

その場合、おそらく木造大仏は型を取ったのちに、解体されたのではなかろうか。この方法であれば、木造大仏はなくなるので、木造大仏と同じ場所での鋳造が可能であり、二体分の場所は要らない。近年の発掘では、木造大仏関連と思われる遺構は確認されなかった。これは、木造大仏は現大仏と同じ場所にあったからなのではなかろうか。発掘の結果、大仏付近は鋳造前に海抜一一メートルのところで整地していることが分かっている。同じ場所であったならば、型を取った後に整地が行われれば、木造大仏時代の痕跡は出ないであろう。

ここまでの論述によって、「新・木造大仏原型説」の考え方を示し、従来出されていた問題点にもいちおうの説明を試みた。しかし、推定も多く、全ての問題が解決されたわけではないことはよく承知している。現状では両大仏の関係を完全に合理的に説明できるだけの材料はなく、いかなる説をもってしても問題点が残るだろう。本書では新しい材料と観点を用いて、従来とは異なる見方を提示した。この先は読者のご判断にゆだねたい。

## 鎌倉大仏と真言律宗

### 真言律宗と叡尊・忍性

鎌倉時代の新しい仏教運動というと、浄土宗《じょうどしゅう》・浄土真宗《じょうどしんしゅう》・時宗《じしゅう》のような浄土系諸宗、あるいは日蓮《にちれん》宗などの、いわゆる鎌倉新仏教と呼ばれる宗派を連想しがちであるが、奈良西大寺《さいだいじ》を拠点に持った真言律宗《しんごんりつしゅう》は、それらを凌ぐ勢いで浸透し、日本の中世社会に大きな足跡を残したことはよく知られている。彼らはかつては、奈良時代以来の宗派である律宗の復興運動、つまり旧仏教の運動として扱われたが、近年では奈良仏教の律宗とは一線を画す、鎌倉新仏教の一つとしてみられることが多い（松尾剛次『新版鎌倉新仏教の成立』吉川弘文館、一九九八など）。真言律宗は、律宗の伝統に倣って戒律（僧侶が守るべき教え）を守り、釈迦信仰を中心に、真言密教の要素をも取り入れたものである。西大寺は奈良時代から律宗を行なってきたが、鎌倉時代には新しい真言律宗の拠点ともなった。

その発展の基礎を築いたのが叡尊《えいそん》である。叡尊は、はじめ醍醐寺《だいごじ》に入って密教を学び、東大寺で受戒して、正式な僧侶の資格を得た。奈良時代以来、僧侶になるには国の定めた四箇所の戒壇で修行して、その終了の証として受戒しなくてはならなかった。こうして僧侶になった者を、官僧という。叡尊は官僧として出発した。その後、彼は嘉禎元年（一二三五）に西大寺へ入り、戒律を学び、興福寺《こうふくじ》の覚盛から自誓受戒（仏・菩薩の前でみずから

図27　忍性画像（称名寺所蔵、神奈川県立金沢文庫保管）

戒律を守ることを誓う受戒）を授けられ、戒律復興運動を始めた。自誓受戒によれば、官僧である戒師を必要としないので、彼らは遁世僧《とんせいそう》と呼ばれた。遁世とは、僧侶の世界の身分秩序や栄達を望まず、そこから離れて生きることで、そうした僧侶が鎌倉時代には活躍したのである。真言律宗の運動は官僧ではなく、こうした遁世僧により進められた。なお、遁世僧のことは松尾剛次氏の『勧進と破戒の中世史』（吉川弘文館、一九九五）ほかに詳しい。

叡尊の高弟として真言律宗の発展に大きな役割を果したのが、忍性《にんしょう》であった。忍性は仁治元年（一二四〇）に西大寺で出家した。建長四年（一二五二）に筑波山麓《つくばさん》の三村山《みむら》極楽寺に入って以降は関東で過ごし、弘長元年（一二六一）に鎌倉に呼ばれてからは鎌倉を拠点に活躍し、弘安七年（一二八四）には大仏別当《べっとう》にも任じられている。

真言律宗は幕府や朝廷とも近い関係にあったが、とりわけ幕府と密接であったこともよく知られている。また、彼らは慈善・社会事業として貧者・病人の救済施設を建てたり、職人を率いて道路や橋・港の建造・修復を行なった。

## 真言律宗と大仏

この真言律宗と鎌倉大仏の関わりについて、馬淵和雄氏は『鎌倉大仏の中世史』（新人物往来社、一九九八）を発表し、銅造大仏の完成時期も特定した。鎌倉大仏のことを考えるうえでは、真言律宗との関係も不可欠なので、まずここから次項まで、馬淵氏の論を紹介する。氏の論は多方面に及ぶが、ここでは本書と直接関係することを中心に述べよう。それは以下のとおりである。

右書はまず、鋳物師《いもじ》について考察し、鎌倉大仏鋳造《ちゅうぞう》に携わったことが知られている河内《かわち》鋳物師の丹治久友《たじひのひさとも》が造った梵鐘《ぼんしょう》が残されている寺院は、西大寺流真言律宗に深く関与していることを示した。次いで、忍性の動きをみる。彼が寛元元年（一二四三）関東に赴き、七月に戻っているが（『性公大徳譜』）、旅程を計算すると鎌倉を通過するのは木造大仏供養の六月頃となり、九年後の建長四年（一二五二）八月十四日に再び鎌倉に到着して、滞在の後、三村山に向かう。鎌倉に到着したのは銅造大仏鋳造始めの三日前である。なぜか彼の伝記は一言も触れないが、この二つが偶然であるはずがない。あるいは何らかの大仏関連の行事に加わったのではないか。これは真言律宗教団が大仏に当初から並々ならぬ関心を寄せていたことの証である。一方、叡尊は寛元三年から建長六年にかけて真福《しんぷく》寺などの丹南《たんなん》鋳物師拠点の寺院で授戒などの教化を精力的に行なった。河内鋳物師が関東に誘われた契機はこの時とみられ、鋳物師たちは西大寺律へ帰依《きえ》したと思われる。この時期、叡尊と忍性の行動は相呼応している。河内鋳物師を関東へ誘ったのは叡尊・忍性にほかならない。

平安時代以来、鋳物師は供御人《くごにん》（天皇に仕える職能民）として存在し、蔵人所《くろうどどころ》が統制して、河内鋳物師もそれにしたがっていた。十三世紀半ばに鋳物師の総括者の一人であった中原光氏《なかはらみつうじ》が蔵人所へ出した解《げ》（上申書）に対して、蔵人所が弘長二年（一二六二）十二月に出した返事が残っていて、そこから光氏の訴えの内容が分かる。光氏は鋳物師が関東や北陸へ逃げ下っていることを訴えている。宝治二年（一二四八）の解にはなかったので、その事態はその間に起きたこととみられる。とすれば、それは大仏鋳造以外にない。これは、大仏鋳造が終わっても帰ってこないことに対する訴えで、したがって大仏完成は弘長二年の十一月頃かあるいはその少し前と推定できる。

## 叡尊の鎌倉入りと得宗政権

弘長二年（一二六二）に叡尊は鎌倉に入り、半年ほど滞在する。その間、北条時頼とたびたび面会し、多くの僧俗が帰依した。また、叡尊滞在中の五月一日、前浜と大仏という鎌倉縁辺部を叡尊教団が教化し、職人、現業分野の支配に乗り出した。それはこの時始まった。叡尊の鎌倉入りにより、得宗《とくそう》と教団の固い結合が成立、政権は得宗専制の強力な推進装置を、教団は爆発的な勢力伸長の保証を得た。時頼が叡尊に求めたのは、宗教性だけではなく、教団の、非人や職能民を組織してさかんな社会活動を行う政治性にあったのではないか。ともあれ、叡尊の訪問により、教団は有力者の帰依、鎌倉周縁部への教化、諸宗派の糾合《きゆうごう》、得宗との揺るぎない関係を築いた。

叡尊教団にとって戒律復興運動の伸長のためには、社会活動などを熱心に行なって世俗権力に認知させ、共生していくことが必要で、一方、京都の王権に対抗して鎮護国家《ちんごこっか》を目指す東国武家政権にとって、支配強化のための国家祭祀の実現は急を要する課題だった。そのために、実際面においては行基《ぎようき》のように多くの技術者を組織できる司祭が必要だった。そして、それを裏打ちする論理として、根源への回帰を標榜する興律運動に勝るものはない。ここに両者の理念・利害が強固に一致し、金銅大仏はその象徴となった。

おそらく、鎌倉大仏は叡尊の来た弘長二年の十月下旬から十一月前半に完成した。以後両者相携えて全国のすみずみに専制支配を及ぼすようになる、鎌倉大仏はその巨大な記念碑であった。そして、完成の時、流血があった。それは得宗政権が反対勢力を打ち破ろうとした一連の抗争であったと想像する。

## 馬淵説に対する意見

以上、かなり長くなったが、馬淵説を紹介した。この説はどのように受け止められたのだろうか。

浅見龍介氏は、真言律宗側の史料に鎌倉大仏に関する記述が全くないため、根拠に乏しいとした（浅見、二〇〇〇）。次いで、松尾剛次氏は、忍性が、寛元元年（一二四三）に関東に来たのは木造大仏供養参加のため、建長四年（一二五二）八月十四日（鋳造開始三日前）の関東下向《げこう》を大仏勧進のためとの推測は、叡尊の法話の聞き書きである『聴聞集』や忍性の伝記『性公大徳譜《しょうこうだいとくふ》』にはそうした記述はなく、教団側史料には忍性が鎌倉大仏勧進を主導した事実はみえない。もしそうなら、書かれてしかるべきであるし、東大寺大仏勧進をした行基を尊敬した忍性であるから、鎌倉大仏造立関与が全く記されないのは不審だとして、馬淵説に疑問を呈した（松尾、二〇〇五）。両者とも、馬淵説とは距離を置いている。

一方、上横手雅敬氏は、律のもとに念仏・禅を従属させ、体制仏教を確立させる、そのシンボルとして金銅大仏が造られ、その供養を行うため叡尊を招く、という馬淵説はまず間違っていないが、『関東往還記《かんとうおうかんき》』には大仏に関する記事が全くみられない。また、叡尊が滞在した弘長二年（一二六二）七、八月までに供養が行われた形跡がないのをどうみるべきか。さらに鎌倉大仏完成の時、流血があった、という馬淵説は、論証されていないし、中原光氏が蔵人所に訴えたことも、鋳物師の逃亡を管理者が訴えた時期と大仏完成の時期が同じでなければならないという論理は分からないので、概して、弘長二年十月、十一月完成説は容易には成り立ちがたい、とした（上横手、二〇〇六）。上横手氏は、馬淵説の大枠には賛成するものの、個々の論証には疑問を出しており、また、律の支配は叡尊以前から進んでいて、叡尊の鎌倉入りはその総仕上げであるとする。

筆者も、馬淵説の示した構図に大まかには賛成である。とりわけ、幕府は教団に非人や職能民を組織して事業を行わせることができる点に期待し、教団は幕府に勢力伸長の後ろ盾を求めたという、現実的な視点には同感である。しかし、やはり、教団側の史料に鎌倉大仏との関係がほとんどないのが気がかりである。中原光氏が蔵人所に訴えたことも、鋳物師の逃亡を管理者が訴えた時期と大仏完成の時期が同じでなければならないとはいえないとした上横手氏の論に理があるように思われるし、弘長二年の流血についても上横手氏の見方と同様である。したがって、大仏の完成年についてのことは判断を保留したい。また、馬淵説ではあまりに真言律宗の力が強すぎるように思え、大仏建立の主体は誰で、目的は誰によって考えられたのかがみえにくいように思われる。筆者はあくまで大仏は幕府によって推進されたと考えているので、真言律宗と大仏の関わりがいかに強かったとしても、それは幕府の意向のもとに行われたことと考えている。

図28　石造宝篋印塔（俗称多田満仲之墓、神奈川県箱根町所在）

### 石造技術者の動員

筆者は、幕府が真言律宗を歓迎したのは、技術者を動員できる力があったことが大きいと考えている。この点では馬淵氏に同意するものである。鋳物師の動員も彼らに拠るところが大きいのであろう。

技術者の動員という面で筆者が注目しているのは、真言律宗と石工《いしく》の関係である。石工は鋳物師と並んで、真言律宗との関係が深い技術者として知られている。真言律宗教団は、全国各地の拠点で、大型の石造品（五輪《ごりん》塔・宝篋印塔《ほうきょういんとう》・層塔《そうとう》など）や磨崖仏《まがいぶつ》を残し、石工たちはそれに従事した。具体的には、主に西日本各地に展開した伊派《いは》の石工と、関東で活躍した大蔵派と呼ばれる石工である。彼らは十二世紀末の東大寺復興に際して重源《ちょうげん》に起用された宋人石工伊一族の流れを汲み、当時日本ではできなかった硬質石材の加工を行なった。その技術は石材の幅を広げながら、伊派や大蔵派に受け継がれた。

関東で最初の確実な大蔵派の足跡は、元箱根の磨崖仏とともに残された石造宝篋印塔（俗称多田満仲《ただのみつなか》之墓、図28）とみられ、そこには忍性の銘とともに大蔵安氏の名が刻まれている。その後、彼らは鎌倉市内や相模地域に作品を残している。

## 関東の石材加工事情

しかし、新しい石材加工技術は十三世紀の前半に関東にもたらされているようである。以下、馬淵氏の別の論考からまとめてみる（「職人・宗教・都市―中継基地としての鎌倉―」『中世都市研究』一一、二〇〇五）。関東最古の年記を持つ宝篋印塔は、鎌倉の某やぐらから出たと伝えられる、宝治二年（一二四八）銘の作品（京都国立博物館蔵）という。この銘の真偽には疑いも出ているが、これと似たものは鎌倉市内のお塔《とう》の窪《くぼ》やぐらにも置かれており、年記が生きていれば関東における安山《あんざん》岩《がん》の精密加工石造品として最初の例という。また、忍性が関東で最初に拠点とした筑波山麓三村山極楽寺裏には、大型の宝篋印塔（図29）があり、建長四年（一二五二）から一二

図29　宝鏡山石造宝篋印塔（つくば市三村山極楽寺裏所在、つくば市教育委員会提供）

六〇年代前半頃までに造られたとされる。

馬淵氏は、「石工の場合も鋳物師と同じことが起きた可能性が高い。すなわち、畿内にあった硬質石材加工技術を持った石工が関東・鎌倉に来た背後には、やはり西大寺律による教化があった」と述べており、すでにこの時期に硬質の石材（安山岩など）を加工できる石工集団がやってきていたとする。硬質安山岩の加工例はこの頃にさかのぼるのである。

## 大仏殿礎石の語ること

ところで、ここで筆者が注目したいのは大仏殿礎石《そせき》である。大仏殿礎石は、これまで石塔や磨崖仏・石仏などの石造美術を語るときに、ほとんど取り上げられていない。確かに礎石は石造美術というイメージからは遠いが、右に述べてきた事情をふまえると、きわめて重要な問題を投げかけているように思われる。

大仏殿の礎石は、今、大仏の周囲や境内に五十三個確認されており（このほか、転用の可能性のあるもの三個）、大きさは直径約一六〇〜二〇〇チセン、厚さ約六〇チセンで、円形ないし八角形を意識している。上面は、柱の載る柱座を鑿《のみ》で真っ平らに加工し、表面全体を「小叩き」と呼ばれる高度な技法で加工している（『鎌倉大仏周辺発掘調査報告書』鎌倉市教育委員会、二〇〇二）。材質は硬質安山岩で、真鶴《まなづる》あるいは伊豆半島の産出とされている。

礎石は石材を加工するという点で、制作技術は石造美術と何ら変わることはないし、右記のような精巧な造りからすれば、これは作品と呼んでも差し支えない。そして、礎石はいうまでもなく大仏殿建立前に造られるわけであるから、どんなに遅くとも一二六〇年代前半には造られていたはずである。さらに可能性を探れば、この礎石が木造大仏の大仏殿でも用いられていたとするならば、制作の下限は仁治二年（一二四一）の大仏殿上棟《じょうとう》となる。前者であっても、この石材を加工した早い例であるが、後者の場合、最初期の作品と

図30　鎌倉大仏殿礎石

なる。

筆者は後者の可能性も十分あると考える。いったん解体を予定するにせよ、大仏殿を建てるには礎石が不可欠で、しかもかなりの大きさのものが必要であるからである。木造大仏造立が先行した以上、こうした石材加工技術を持つ石工が真言律宗により動員されたならば、鎌倉大仏における幕府と真言律宗の関係の端緒は、鋳物師よりもまず石工の問題であったかもしれない。礎石の制作は重要かつ大変な作業である。実際、今残されている礎石は見事なものである。大仏造立が企画されたときから、実は礎石の確保は重要な課題だったのではなかろうか。これを解決するために、幕府は真言律宗の動員力に目を付けた可能性も検討されてよいように思うのである。

# 大仏の謎を追う

# 造立開始と完成時期

## 大仏造立の開始

鎌倉大仏についての最大の謎の一つは、銅造大仏がいつ完成したかがはっきりしないということである。完成を示す信頼すべき史料がないのである。これについては、これまで多くの意見が出されてきた。ここではもちろんそれらについて紹介するが、本書は木造大仏と銅造大仏は一貫した事業であるという立場を取るので、まず大仏造立事業の開始、つまり木造大仏の開始から考えてゆきたい。

木造大仏の事始《ことはじ》めは、『吾妻鏡《あずまかがみ》』に記される嘉禎四年（一二三八）三月二十三日（史料①）であるが、事始めは工事着手という意味とは限らないことはすでに述べたとおりである。実際の作業開始がこれより早かったであろうことはすでに諸氏によって説かれている。

戦前に足立康氏は、大仏堂事始めより本尊の造顕は早かったに違いないとしているし（足立、一九四二）、清水眞澄氏も同じ年の五月十八日に、頭を体に載せたとあるから（史料②）、三月二十三日の時点ではかなりでき上がっていたろうと述べている（清水、一九七九）。また、納冨常天氏は、『吾妻鏡』寛元元年（一二四三）六月十六日条（史料⑥）の木造大仏供養の記事に、浄光の勧進開始は「この六年」とあるので、逆算すると嘉禎三年から始まったと指摘する（「鎌倉新大仏の『大般若経』について」『鶴見大学紀要』一七、一九九〇）。

いずれももっともな指摘で、諸々の準備や計画はさらにさかのぼることが予想され、清水氏は「鎌倉大仏研究の基点は、嘉禎四年（一二三八）の数年前に置かなければならないだろう」としている（清水、二〇〇七）。

**鋳造の開始**　銅造大仏の鋳造が開始されたのは、『吾妻鏡』によって建長四年（一二五二）八月十七日であったことははっきりしている。ここでは、この年の意味について、二つの面から補足しておく。

一つは、この時期は幕府の仏教政策にとって、重要な意味を持つ時期であったと考えられることである。というのは、この前年に建長寺《けんちょうじ》の事始めがなされ、建長五年十一月二十五日に同寺の供養がなされたからである。建長寺は鎌倉幕府執権として幕府政治の実権を掌握していた北条時頼《ほうじょうときより》が発願《ほつがん》した寺で、実態としては幕府による建立に等しい。『吾妻鏡』は建長寺の建立目的について、「皇帝万歳。将軍家及重臣千秋。天下太平」と伝えており、ここには時頼政権の国家仏教的意図をみて取ることができる。さらに、同寺が正式には「建長興国禅寺」（傍点筆者）と名付けられたことに注目すると、この名が意味するところは、為政者としての幕府が、国家の繁栄を願ったものであると考えられる。そして、建長寺はわが国最初の本格的禅宗《ぜんしゅう》寺院として、当時の宋朝《そうちょう》寺院の伽藍《がらん》配置に忠実に建てられたことが知られ、幕府が主導する新しい仏教の一翼を担う拠点ともなってゆく。鎌倉大仏は、並行して進んでいた建長寺造営と相俟って、幕府による国家支配を守護する仏法拠点として、互いによく似た性格を持っていた思われる。

いま一つは、建長四年という年の意味である。東大寺大仏が天平勝宝四年（七五二）に開眼供養されたのは、奈良時代において仏教公伝の公式見解とされた欽明《きんめい》天皇十三年（五五二）からちょうど二百年後であり、これは偶然ではなく、公伝から二百年後の仏法興隆を記念したからだという説がある（吉村怜「東大寺大仏開眼供養会と仏教伝来二百年」『美術史研究』九、一九七二）。その三百年後の末法《まっぽう》初年とされた永承七年（一〇五二）には、藤原頼通《よりみち》によって平等院《びょうどういん》が建てられている。とするならば、馬淵和雄氏が説くように、東大寺大仏開眼《かいげん》の五百年後に、新大仏として鋳造《ちゅうぞう》が始まったのだという考え方もできるかもしれない（馬淵、一九九八）。ただし、本当に東大寺を意識するならば、その年に開眼しなければならないので、はたしてどの程度意識されていたかは定かでない。

### 銅造大仏の完成時期の下限

さて、銅造大仏の完成時期を検討するに当たり、前提となる事柄について、史料から述べておく。

まず、前に挙げた、違法の人倫売買銭を大仏に寄進するという法令（追加法三〇四、史料⑪）が、建長七年（一二五五）八月九日に出されているので、この時点で大仏の工事が進行中であったと考えられる。また、これも前に触れた、良心《りょうしん》筆の『授手印決答受決鈔』に、法然《ほうねん》の孫弟子で、浄土《じょうど》宗鎮西義《ちんぜいぎ》の祖然阿良忠《ねんありょうちゅう》が「大仏ノ浄光《じょうこう》聖」を訪ね、浄光から一字の坊などが与えられ、そのとき、浄光は「大営未だ遂げざる」と述べたとあるので、その時点でもおそらく大仏は完成していない。この書は、正嘉二年（一二五八）から正元元年（一二五九）頃に成ったとする見方もあるが、納富常天氏は正元二年三月の『徹選択鈔《てっせんちゃくしょう》』を著して以降とする（『鎌倉の仏教』かまくら春秋社、一九八七）。

一方、文永五年（一二六八）に、日蓮が「大仏殿別当」宛に書状を送っている。筆者はかつてこの時点までに大仏殿が完成していたと推定した（塩澤、一九九六b）。これについては、この言葉は「建造物の名称ではなく、大仏を本尊とする寺院全体を指している」という批判もある（上横手、二〇〇六）。大仏殿が寺院全体を指す名称であるということは同感であるが、大仏殿がない状態でその言葉は使わないであろうから、やはりこの時点で建物としての大仏殿が存在したと考える。とするならば、大仏殿は大仏鋳造後でなくては建てられないから、大仏完成はそれをさかのぼるはずである。したがって、史料上の大仏完成の下限は、この年に置かれることになる。また、仮に、上横手氏の説に従うとしても、別当がいて、寺院として機能している状態の「大仏殿」において、大仏本体が完成していないとは考えられないから、やはり文永五年は完成の下限となる。

## 『鎌倉大仏縁起』と『高野山通念集』

近世の文献ながら、大仏の供養年を伝えている史料がある。享保二十年（一七三五）に完成した『鎌倉大仏縁起』である。ここには、「康元元年四月十五日、金銅大仏の開眼供養を展《のぶ》」とあり、大仏開眼供養導師《どうし》に理賢阿闍梨《りけんあじゃり》が招請されたが、寺務のためかなわず、恵智房をつかわし、彼が鎌倉に赴いて務めたこと、宗尊親王《むねたかしんのう》に念持仏《ねんじぶつ》愛染明王《あいぜんみょうおう》七体のうちの一体を賜り、荘園も寄進されたことなどを記す。これらの記述のうち、供養年月日以外の大半は、寛文十二年

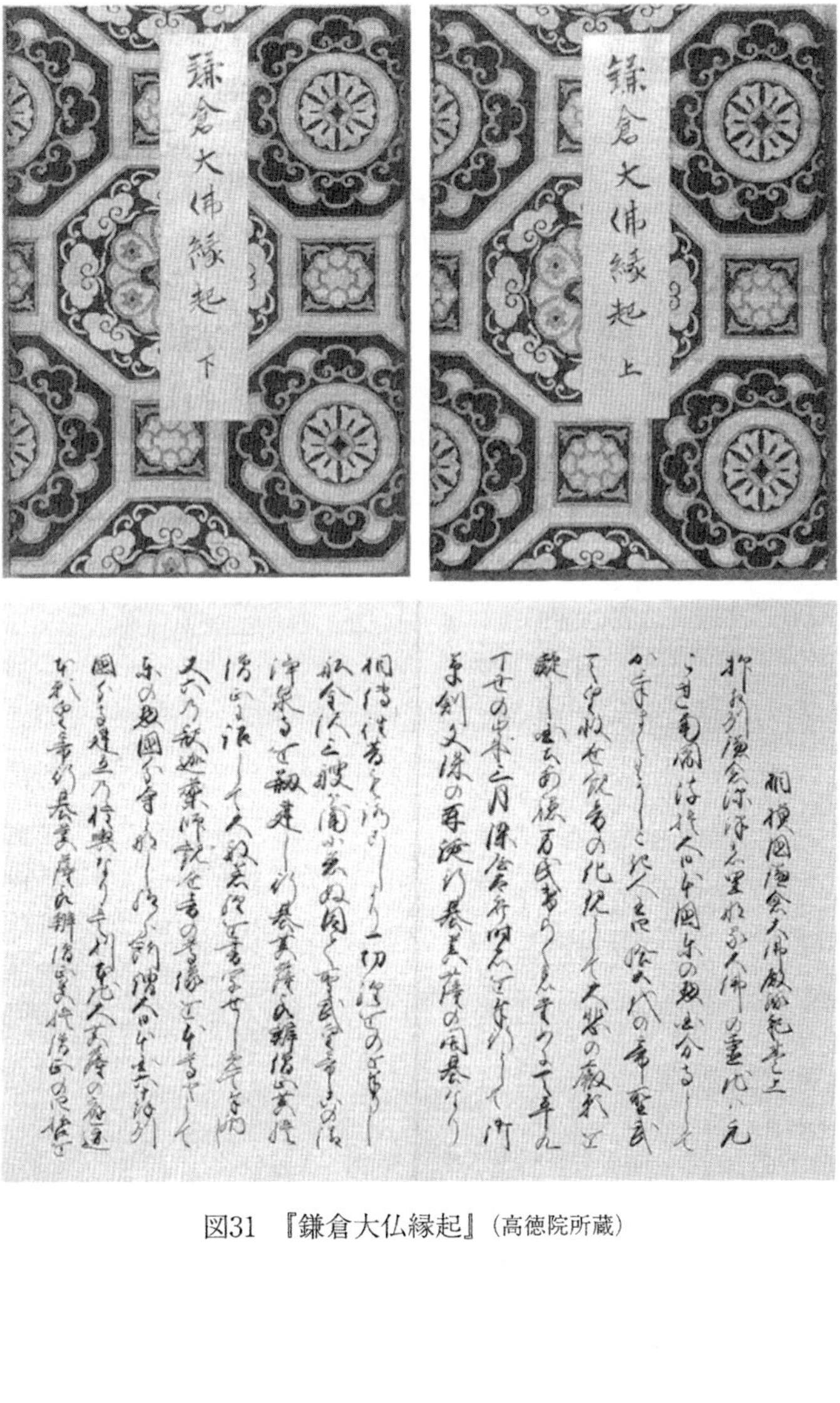


図31　『鎌倉大仏縁起』（高徳院所蔵）

（一六七二）に成立した江戸時代の名所記の一つである『高野山通念集』巻六「蓮金院」および「愛染堂」の項にほぼ同様の伝承が載せられていることが指摘されている（鎌倉大仏研究会編『鎌倉大仏縁起』の「補注」、二〇〇二）。

前に触れたように、この縁起は作成に際して、大仏に関する文献を集めて、それに考証を加えた「大仏縁起附録」が作られており、歴史的記述のほとんどは信頼できる史料によっていることが分かっている。おそらくこれらのくだりは『高野山通念集』に拠ったとみられるが、同集が何を元にしたかは不明であるし、理賢は実在する人物であるが、建久元年（一一九〇）に亡くなっているので年代が合わない。さらに、この供養年のことは『高野山通念集』にもみえず、何に基づいたか明らかでない。『鎌倉大仏縁起』の性格からして、一概に無視はできないことも説かれているが（松尾、二〇〇五。および清水、二〇〇七）、典拠に信頼性が薄いことや右に挙げた史料との矛盾、さらに以下に述べる諸説と比べると、信用するのもためらわれるところである。

## 丹治久友の肩書き

大仏の完成時期について、はじめて具体的な説を出したのは清水眞澄氏である。氏は、大仏鋳造に携わった鋳物師《いもじ》として知られている丹治久友《たじひのひさとも》の肩書きに注目し、文応元年（一二六〇）十一月二十二日付の埼玉川越の養寿院梵鐘銘《ぼんしょう》では「鋳師」となっているが、文永元年（一二六四）四月五日付の東大寺真言院梵鐘銘（図18）では「鋳物師新大仏寺大工」、同年八月二日付の吉野金峰《きんぷせん》山蔵王堂梵鐘では「大工鎌倉新大仏鋳物師」とあり、文応元年から文永元年の間に変化している。この東大寺真言院梵鐘の「新大仏寺」も、当然鎌倉大仏を指すであろうから、肩書きが変化したのは大仏完成後であるからではないかとし、大仏の完成はその間のこと（文応元年十一月二十二日から文永元年四月五日の間）と推定した（清水、一九七九）。

この挟み込みの方法によって絞られた推定期間は、現在も検討の基準となっている。ただし、かつて森克己氏が新大仏鋳物師の呼称は必ずしもその大仏が竣工した後でなければ使用しないというわけではなく、制作中であっても称してよい、事実、「浄光跪言上《きごんじょう》」（史料③）には「新大仏勧進上人浄光」とある（森、一九三六）、と述べたことにも一理はあり、絶対的なものではないかもしれないが、鋳造開始からの経過年数からみても、この間の完成とする絞り込みに無理はない。

## 『吾妻鏡』の欠巻

清水説を承けて、上横手雅敬氏は、『吾妻鏡』に大仏完成を伝える記事がないのは、『吾妻鏡』に欠巻があるためであると推定した。清水説の期間の中で、『吾妻鏡』が欠巻になっているのは弘長二年（一二六二）と文永元年（一二六四）なので、その両年（ただし、文永元年は東大寺真言院鐘銘から四月五日以前となる）に完成した可能性が強まるとした（上横手、一九九二）。

この説は、氏自身も認めているように、直接的な証拠に基づいたわけではない。また、もとより『吾妻鏡』は何でも書いてある史料ではないので、残っていても記述があったかどうかは分からない。しかし、現時点ではこれも一定の説得性を持っているであろう。

## 叡尊の鎌倉入り

前の章で述べたとおり、馬淵和雄氏は叡尊《えいそん》や忍性《にんしょう》が率いる西大寺《さいだいじ》系真言律宗《しんごんりつしゅう》の教団が大仏造立に深く関わり、大仏造立に携わった鋳物師などの技術者集団を関東へ連れてきたのは彼らであったと推定し、木造大仏供養の寛元元年（一二四三）六月十六日の前後と、金銅大仏鋳造開始三日前の建長四年（一二五二）八月十四日に、忍性が鎌倉に来ていることは、それぞれの節目に立ち会うためであったとした。そしてそれらの推定をもとに、弘長二年（一二六二）に叡尊が鎌倉にやってきたのは、大仏開眼供養へ参加するためであったと述べている（馬淵、一九九八）。

弘長二年という年は、清水氏や上横手氏の推定とも矛盾しない。ただし、叡尊が鎌倉に趣いた間のことを克明に記録した『関東往還記』や、忍性の伝記『性公大徳譜』には、鎌倉大仏造立に関することや開眼への参加などはいっさい書かれていないことから、馬淵説への批判があることも前述のごとくである。

## 開眼の真実は？

東大寺の盧舎那大仏は、実質、天平十七年（七四五）八月から作業が始まり、開眼供養の天平勝宝四年（七五二）四月まで、この間約七年である。ただし、これは相当に突貫工事であったと考えられている。鎌倉大仏は東大寺大仏より一回り小さく、鋳造技法も異なるので、比較にあまり意味はないかもしれないが、建長四年（一二五二）に鋳始めて、文応元年（一二六〇）から文永元年（一二六四）の間に完成しているというのは、おおむね穏当な作業期間だと思われる。

銅造大仏の開眼供養時期について、筆者はこれといった意見は持っていない。ただし、先に述べた、良忠が浄光を訪ねて、浄光が「大営未遂」と答えたのが正元二年（一二六〇）とすれば、この年に開眼された可能性は低くなる。よって、弘長二年説は浮上することになる。一方、「大営未遂」の内容が大仏本体の造立ではなく、大仏殿建立であった可能性（とすれば必然的に大仏本体の完成はそれをさかのぼる）も否定はできないので、やはりこの問題は決定打を欠く。ここでは諸説を紹介し、今後の課題とする。

## 鎌倉大仏はなぜ阿弥陀如来なのか

**木造大仏も阿弥陀如来**

鎌倉大仏はかつて浄光《じょうこう》が主体となって造られたと考えられることが多かったので、浄土教《じょうどきょう》（阿弥陀如来《あみだにょらい》の極楽浄土への往生を願う信仰）を信ずる念仏僧《ねんぶつそう》の信仰によって、阿弥陀如来が造られたと理解されていた。しかし、幕府が造立主体となれば、改めてその理由を考える必要がある。ここでは、鎌倉に造られた新大仏になぜ阿弥陀如来が選ばれたのかについて考えてみたい。

まず、木造大仏も阿弥陀如来であったことを確認しておく。延応元年（一二三九）九月の「浄光跪言上《きごんじょう》」（史料③）には「西方極楽の教主」とされ、仁治三年（一二四二）秋のことを伝えた『東関紀行《とうかんきこう》』（史料⑤）には「阿弥陀の大仏」、さらに『吾妻鏡《あずまかがみ》』寛元元年（一二四三）六月十六日条（史料⑥）の木造大仏供養の記事には「八丈余の阿弥陀像」と書かれている。このことは、木造大仏と銅造大仏が一連の事業であったことの証《あかし》ともなる。したがって、鎌倉大仏がなぜ阿弥陀如来の大仏なのかという問題は、木造大仏時代にさかのぼって考えなければならない。

**『大仏旨趣』**　鎌倉大仏と阿弥陀如来の関連を探るうえで欠かせないのが『大仏旨趣』である（図32）。『大仏旨趣』は鎌倉大仏に関する史料の中では比較的新しく、昭和五十八年（一九八三）に高橋秀榮氏によって紹介された。この史料は、年記・奥書などはなく、原作者・成立年代・書写年時なども記されないが、高橋氏によれば紙質や書きぶりから鎌倉後期の書写本とされる。内容は、東大寺の大仏も引き合いに出しながら、大仏の大きさが八丈であること、阿弥陀如来であること、勧進《かんじん》を行い、結縁《けちえん》を進めていることなどのほか、浄光を指すかとみられる「願主聖人」が「八幡之社壇」において霊夢を感じ、「八幡大菩薩」とは阿弥陀の三尊であるから阿弥陀仏を造る大願を思い立ったと記す。仏教と日本古来の神に対する信仰が融合し、神の本当の姿（本地）は仏であると説いた本《ほん》地垂迹説《じすいじゃくせつ》は、中世の日本では広く浸透し、この考え方では八幡神の本地は阿弥陀如来とされていた。それゆえ、この記述からは、阿弥陀の大仏が八幡神の本地として造られたと

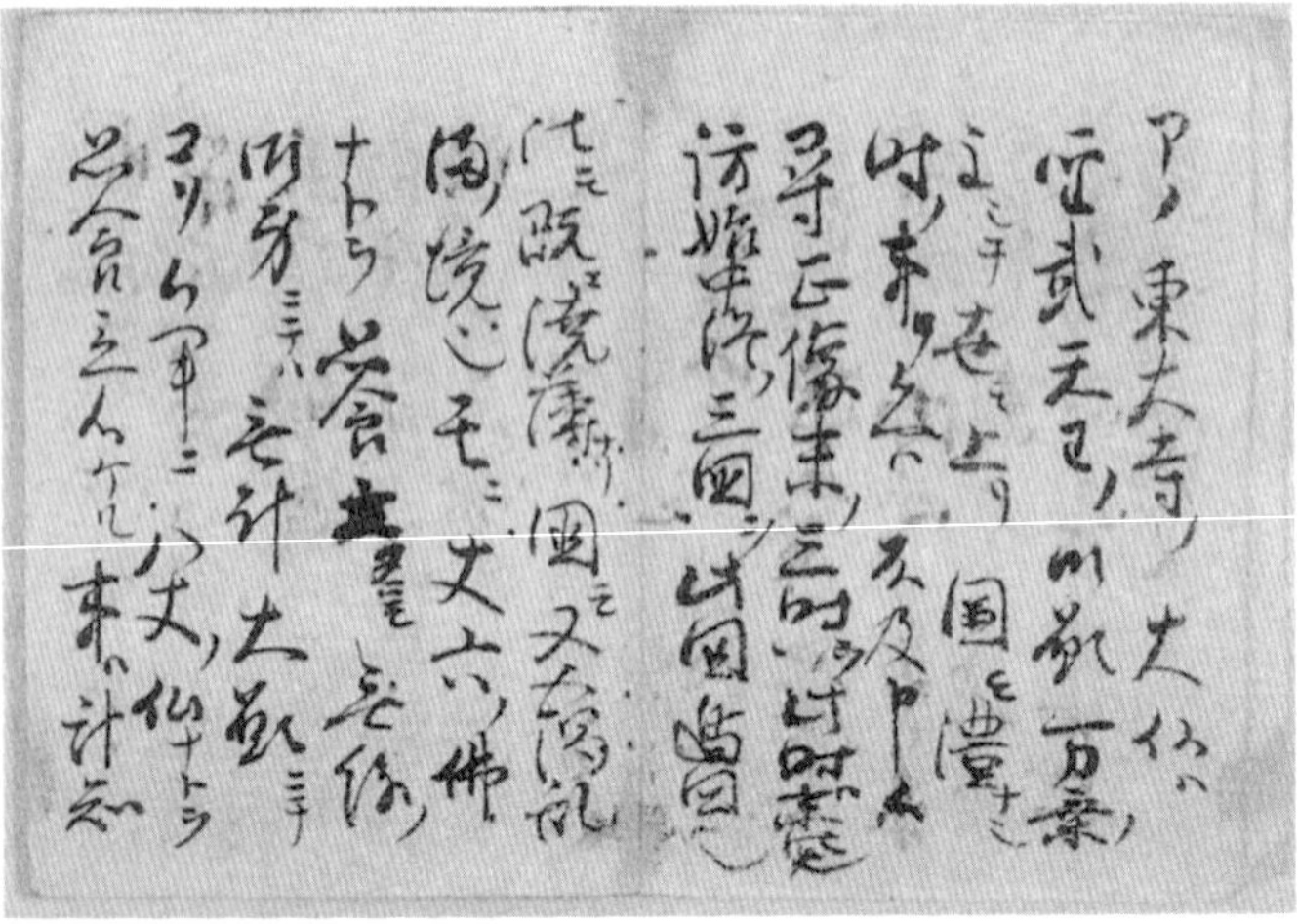

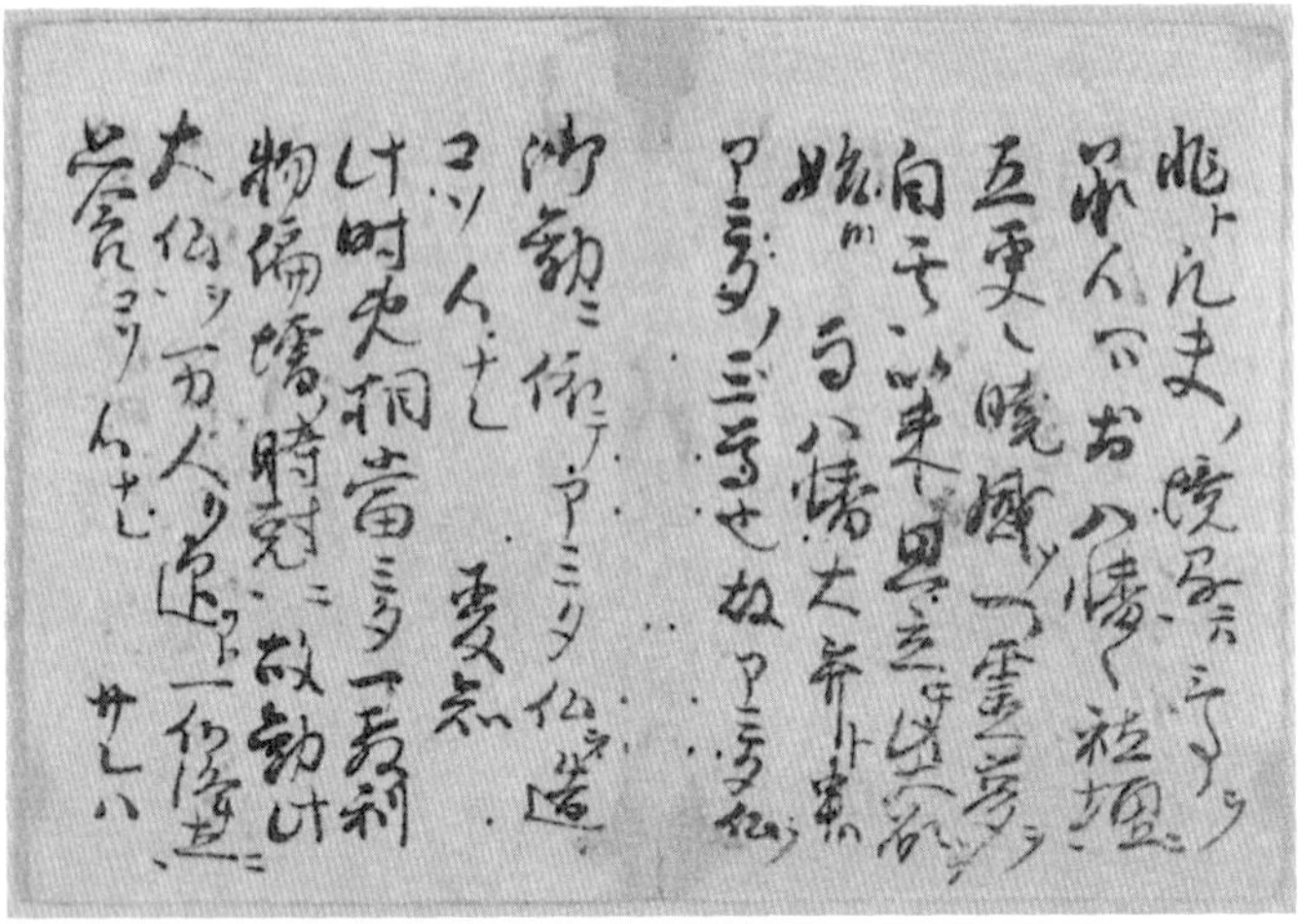

図32　『大仏旨趣』(称名寺所蔵、神奈川県立金沢文庫保管)

書かれているのである。この内容はほかの史料にみえないので、大変注目される。また、高橋氏も指摘するとおり、この八幡之社壇とは鶴岡八幡宮《つるがおかはちまんぐう》を指すとみられる。源頼朝《みなもとのよりとも》が鎌倉に本拠を構えて以降、幕府において最も重んじられ、都市鎌倉の中心でもある鶴岡八幡宮に現れた八幡神との由緒をうたっていることも大変重要である。

上横手雅敬氏は、『大仏旨趣』は勧進状であるとし、その内容を認めて、阿弥陀大仏は鎌倉武士の信仰の中核である鶴岡八幡と並び、あるいは本地であるだけに八幡をも超えて、鎌倉の宗教的頂点に位置付けられることになると述べ、文中に「辺国」「東風」「東関の境」などの言葉で東国に大仏を建立する意義を繰り返し述べていることにも注目している（上横手、一九九二）。

## 北条泰時の信仰

これに対し、浅見龍介氏は、八幡の本地として阿弥陀如来像が造立されたという例はあまり聞かないとし、武士にとって阿弥陀信仰は八幡神を介する必要のないほど親しいので、大仏造立の正当性を八幡の夢告に仮託したと述べ、右の見方に冷淡である。

浅見氏は、後述するように、大仏が造られた深沢は鎌倉の西で、阿弥陀如来の西方極楽浄土を現出するにふさわしく、そこは都市鎌倉の周縁部であり、人々の救済の意味も込められていたこと、また、長谷観音《はせかんのん》と十王堂《じゅうおうどう》は位置が近く、これら三者は一括して統一的構想のもと、幕府あるいは北条氏の主導により造られたもので、大仏は極楽浄土の教主として出現した、と説く。そのうえで、鎌倉大仏が密教に多い定印《じょういん》（五二ページ参照）を結ぶのは、北条泰時《ほうじょうやすとき》の信仰によるという見方を示した（浅見、一九九六・二〇〇〇）。

一方、清水眞澄氏は、なぜ東大寺と同じ盧舎那仏ではなく、阿弥陀如来なのかは、奈良時代の盧舎那仏に対する信仰は鎌倉時代には継承されておらず、この時期の盛んな阿弥陀信仰のもとに造立されたのはきわめて自然であるとした（清水、二〇〇二b）。

## 東大寺大仏と追善

平成十九年（二〇〇七）に清水眞澄氏は、鎌倉大仏の造立は、為政《いせい》者《しゃ》として東大寺大仏を構想する一方で、北条政子と北条義時への追《つい》善《ぜん》の意味を込めて阿弥陀如来とした可能性が考えられるのではないか、両者を合体させたところに鎌倉大仏がある、という新しい見方を発表した。

まず、追善に関しては、木造大仏の造営時期を考えると、嘉禎二年（一二三六）には義時の十三回忌、翌年には政子の十三回忌供養があり、その頃から大仏造営は進められていた可能性があり、泰時は、父義時と叔母政子の追善の意味を込めて阿弥陀如来の大仏を造ったのではないかとする。

次に、東大寺大仏との関係については、やや複雑な仏教教義上の解釈であるが、大略は次のとおりである。鎌倉大仏の印相は定印で、これは密教的性格が濃いのであるが、高野《こうや》山《さん》で生まれた高野山浄土教の覚鑁《かくばん》は、大日如来《だいにちにょらい》は阿弥陀如来と同体であり、極楽浄土と大日如来のいる密厳浄土《みつごんじょうど》は同じところであるとする。また、華厳経《けごんきょう》（東大寺を本山とする華厳宗では最も重視する）に説く盧舎那仏《るしゃなぶつ》は、密教では大日如来に当たり、両者は同じ仏ともいえる。文治元年（一一八五）に東大寺大仏には、大日如来の真言を書いた仏舎利《ぶつしゃり》が体内に納められ、盧舎那大仏は大日如来そのものとみなされた。北条泰時は、鎌倉大仏に盧舎那仏の性格を持たせるため、大日如来と同体とされる定印の阿弥陀如来を造り、鎮護《ちんご》国家を願う盧舎那仏と同じ発想の基で造立した。

さらに、鎌倉大仏を盧舎那仏と捉える発想があれば、『吾妻鏡』建長四年（一二五二）八月十七日条の「釈迦如来」という記述は、誤記ではなく、報身仏《ほうじんぶつ》の盧舎那仏に対する応身《おうじん》仏の釈迦如来として理解できるとした。仏教では、釈迦の身体や存在について種々に考察が行われ、釈迦の説いた法（仏法）を永遠の真理として釈迦の体と分けて、これを法身《ほっしん》とし、釈迦の生身は人々を救うために法からこの世に現れた存在とし、これを応身とし、さらに仏となるために行を積み、その報いとして完全な功徳を備えた仏身を報身として、これらを三身《さんじん》と説いた。つまり、法身としての大日如来と応身としての釈迦如来、報身としての盧舎那仏は同じであり、阿弥陀如来と大日如来は同体なのだから、阿弥陀如来＝大日如来＝盧舎那仏＝釈迦如来という解釈が成り立つとした。

## 諸説の検討

さて、八幡本地のことを除き、以上の諸説を検討してみよう。まず、泰時の阿弥陀信仰との関わりについてであるが、彼が阿弥陀信仰を持っていたことはおそらく誤りないであろう。また、当時の鎌倉においては真言・天台僧が幕府関係の主要寺院で活躍していたことは周知のことで、泰時も密教系の法会や修法にはなじんでいたであろう。しかし、『吾妻鏡』延応元年（一二三九）七月十五日条によれば、泰時は信濃《しなの》国善光寺《ぜんこうじ》にかねてより帰依《きえ》しており、このたびの病では弥陀の引摂《いんじょう》（導き、あるいは臨終に際しての救済）をことに頼りにしていたと伝えるので、善光寺の阿弥陀如来にも信仰していたことが推察される。善光寺の本尊は、次章のとおり善光寺式の名で知られる特殊な印相を持っており、泰時が浅見氏の説くように定印の阿弥陀如来を特に選んで信仰していたかどうかは慎重に考えるべきであろう。また、浅見氏も示唆するとおり、大仏造立にはそれにふさわしい思想的裏付けが必要とされたと考えられる。泰時個人の信仰がそれに当たるとすると、やや意味合いが小さくなるのではなかろうか。より大きな思想に基づいたうえで、彼自身の信仰にも矛盾しないという、いわば背景要因の一つ考えておきたい。

そうした、思想的裏付けを説明する説として出されたのが清水説といえる。東大寺大仏のことは『大仏旨趣』にも書かれ、鎌倉大仏造立に当たっては、それを意識していたことは疑いないであろう。また、鎌倉大仏の密教的解釈として、大日如来を介して盧舎那仏と同体とみなす発想は、当時の史料によって厳密に証明することはできないが、あったかもしれない。『吾妻鏡』建長四年（一二五二）八月十七日条についても、これがもし誤記でないとすれば、現状では最も合理的に説明した考え方といえる。『吾妻鏡』編纂の頃にはこうした見方が行われていたのかもしれない。ただし、この考え方は造立に際してというよりは、阿弥陀如来として造られた大仏の思想的補強といった性格の理論ではなかろうか。というのは、大仏を生み出した信仰に阿弥陀如来＝大日如来＝盧舎那仏＝釈迦如来という構図があったならば、なぜ大日如来や盧舎那仏や釈迦如来ではなく、阿弥陀如来が選ばれて造立されたのかという、選択に際しての積極的根拠にはならないように思われる。その点は清水説では、政子・義時の追善をこめるという点に帰せられることになる。しかし、氏も強調するとおり、王法と仏法の象徴として、東大寺大仏をも十分に意識して造られた鎌倉大仏が、個人追善を理由に像種選択をしたというのも、いま一つ気になる。

東大寺像を意識しながら、異なる像種を選んだ背景には、やはりそれ相応の理論的裏付けがあったはずである。筆者はその観点から考えて浮かび上がるのは、八幡本地としての阿弥陀如来という考え方ではないかと述べたことがある（塩澤、二〇〇九）。

## 八幡神と鎌倉

大仏と八幡神との結び付きも、すでに東大寺に先例がある。東大寺大仏鋳造終了の翌月である天平勝宝元年（七四九）十一月十九日に、八幡神の根本である九州の宇佐《うさ》八幡神は上京を託宣し、都では八幡神の神助を得たとして、迎神使《げいしんし》を遣わして勧請《かんじょう》した。それにより、八幡神は東大寺大仏造立へ協力するために上京し、梨原宮《なしはらのみや》に新殿が造営された。社殿は後に大仏殿南東に移るが、永く東大寺鎮守《ちんじゅ》として尊崇された。それをふまえれば、鎌倉大仏において『大仏旨趣』が八幡神との由緒をうたうのは、あながち鶴岡八幡宮との関係ばかりが理由ではなく、この点でも東大寺の先例を意識したところがあったという見方もできるかもしれない。

しかし、鎌倉における八幡神は、実は京都や南都における存在とは性格が全く異なっている。八幡神が源氏の氏神として崇められたことはいうまでもないが、それだけではなく、早くは平将門《たいらのまさかど》がその託宣によって新皇を称するに至るなど、関東においては武家の守護

図33　鶴岡八幡宮

神としての伝統を持っていた。新田一郎氏は、鎌倉時代の鎌倉には、朝廷中心の王権を象徴する皇祖神《こうそしん》としての伊勢神とは異なる守護神が求められたと指摘している（「虚言ヲ仰セラル神」『列島の文化史』六、日本エディタースクール出版部、一九八九）。鶴岡八幡宮はそうした八幡神を祀るところであり、武家の精神的支柱として、また幕府の後ろ盾として、きわめて大きな存在であったといえる。このことは、鶴岡八幡宮を中心に設計されている鎌倉の都市構造をみても一目瞭然である。

### 八幡本地の新大仏

以上のことをふまえると、王法と仏

法の象徴として造られた鎌倉大仏の像種選択に当たって、それにふさわしい理論的裏付けを八幡神の本地としての阿弥陀如来に求めたと考えるのが最も素直ではないかと思える。

この傍証を史料に求めることはできないだろうか。そこで、改めて延応元年（一二三九）九月の「浄光跪言上」（史料③）を眺めると、「漸《ようや》く大菩薩の冥助《みょうじょ》を仰ぎ」という文言が注目される。従来この部分は、上横手氏が触れている（一九九二）以外、あまり注意されていないが、神でも仏でもなく、「大菩薩」というからには、具体的には八幡大菩薩を指す表現とみられる。とすると、浄光が書いたことが明らかなこの言上書にも、新大仏と八幡神の結び付きが語られていることが分かり、これは右に述べた『大仏旨趣』の内容ともよく符合する。また、『東関紀行』にも、「仏法東漸《とうぜん》の砌《みぎり》にあたりて、権化《ごんげ》力をくわ《（加）》ふるかと、ありがたくおぼゆ」とある。権化とは仏や菩薩がこの世に現れた仮の姿をいい、権《ごん》現《げん》ともいう。八幡神は八幡大権現とも呼ばれるので、ここに記される「権化」は、やはり具体的には八幡神を指すのであろう。つまり、鎌倉大仏が八幡神の本地として造られたという推定は、『大仏旨趣』以外にも、「浄光跪言上」や『東関紀行』といった大仏関係の同時代基本史料類からも裏付けられるといえる。

そして、鎌倉の地において八幡神本地としての阿弥陀大仏が造られたならば、その意義は最大限に評価されるべきではなかろうか。しかも、『大仏旨趣』は八幡神との由緒の場所を具体的に鶴岡八幡宮と想像させている。鎌倉大仏とはこうした意味と由緒を背負った阿弥陀如来として造られたのであろう。そして、鎌倉大仏が八幡神の本地であるという、独自の理論的裏付けのもとに、像種を東大寺の盧舎那仏から阿弥陀仏に置き換えたのであるとすれば、そこには単に東大寺の例に倣うばかりではない、新たな像種により大仏を生み出そうとする幕府の意志をみることができるし、王法と仏法の象徴としての新たな大仏を鎌倉の地に出現させた幕府の自信を認めることも可能ではないだろうか。

# 大仏の像高と寺号

本節では、鎌倉大仏の像高と寺号という基本的な事柄について、少しばかり触れておきたい。

**大仏像高理解の変遷**

現大仏の像高が、一一・三九メートルであることはすでに述べたとおりである。しかし、正しい数値に至るまでには、議論と変遷があった。大仏の像高については、江戸時代の地誌類により、近代当初は三丈五尺と理解されていたので、八代国治《やしろくにじ》氏は、現大仏が記録に合わないことを主張。また、像高記載の数値は坐像ではその半数を示すという説にしたがっても、合わないと述べた（八代、一九〇八）。前述したが、古代以来、仏像の寸法表記は坐像においても立った場合の数値で示すという伝統がある。したがって、正式な仏像の大きさとされる一丈六尺（＝約四八〇チセン、略して丈六という）の場合、坐像であれば実際の像高は半分の八尺前後となる。八代氏は、大仏は鎌倉時代の尺度では八丈は八丈一尺二寸強になるはずで、坐像は半数とする説にしたがっても、四丈六寸、現像三丈五尺とは合わない、と主張した。しかし、その後、関東大震災後の計測により、大仏の実寸が三丈七尺五寸であることが知られると、この大きさは、記録に書かれる像高八丈の半数四丈に近いと考えられるようになり、現大仏は八丈であるという認識が定着した。

像高についての研究精度を大きく高めたのは、足立康氏である。足立氏は、『吾妻鏡《あずまかがみ》』嘉禎四年（一二三八）五月十八日条（史料②）に記される「周八丈」の周とは、周尺を指す言葉で、周尺とは唐尺のだいたい七、八割見当であるとされ、「周八丈」とは周丈六の五倍、半周丈六の十倍を意味すると述べられた。そして、これは木造大仏に関する記録であるが、現大仏は大正十三年（一九二四）の実測では、三丈七尺五寸、ただし、髪際では三丈三尺一寸五分とされ、大体周尺での四丈に当たるので、現大仏も暦仁大仏と同じく「周八丈」であること、したがって、『吾妻鏡』建長四年八月十七日条の「八丈」は、周八丈の略と解してよいことなどを述べている（足立、一九四二）。足立氏は「周八丈」の周とは、周尺を意味すること、さらに仏像の大きさにはしばしば頭頂ではなく、髪際までの寸法

（髪際高）が用いられることを初めて指摘した。周尺という尺度と髪際高という概念により、大仏の像高をめぐる問題はほぼ解決され、この考え方が現在まで受け継がれている。なお、「周八丈」という記述が『吾妻鏡』にあることにより、幕府が主体者側であったことを示す一つの手がかりになることは前章で述べたとおりである。

また、「周八丈」については、足立説以前にはこれを坐像の周囲とする説や、頭部の大きさを示すとする説なども出されている。

## 八丈の大仏

鎌倉大仏の大きさについて、鎌倉時代の諸史料は八丈であると記す。右のように、坐像の大きさは、立った場合の高さ（サイズ表記）として記す伝統があるということや、周尺・髪際高の概念を理解すれば、現大仏の髪際での高さ三丈二尺（西川、一九五九）は、四丈の八〇％に当たるので、現大仏も、周八丈の大仏、あるいは「周」を略して八丈の大仏と呼ぶことができる。

大仏の像高が八丈であることを説いているのは、次の諸史料である。

『吾妻鏡』嘉禎四年（一二三八）五月十八日条（史料②）　大仏堂事始《ことはじ》め

延応元年（一二三九）九月「浄光跪言上《きごんじょう》」（史料③）

仁治三年（一二四二）秋の『東関紀行《とうかんきこう》』（史料⑤）

『吾妻鏡』寛元元年（一二四三）六月十六日条（史料⑥）　木造大仏殿供養
『吾妻鏡』建長四年（一二五二）八月十七日条（史料⑦）　金銅大仏鋳《ちゅうぞう》造開始
無年記『大仏旨趣』

このように、基本史料の多くは、鎌倉大仏を記述するときに、八丈という言葉を冠していることが分かる。

## 八丈の意味

では、八丈という大きさには何か意味があるのだろうか。

仏像の大きさには、一つの基準がある。仏教では、仏は人の二倍の身長があるという考え方があり、普通の大人の身長は親指の先と中指の先の距離（搩手《ちゃくしゅ》）の十倍であるという。その数値を実数に直すのは個人差が大きいのであるが、通常これを八尺とし、仏はその倍の十六尺とみなす。十尺は一丈であるから、この一丈六尺の大きさを略して丈六《じょうろく》と呼ぶ。人の背丈が八尺というのも大きすぎるが、ともかくこの丈六という数字は、仏の身長として、日本でも古来仏像を造る際の基準となり、丈六像やその半分の大きさである半丈六像などはしばしば造像されてきた。

これをもとに考えれば、丈六の十倍は十六丈、その半分が八丈であるので、鎌倉大仏は半丈六の十倍の大きさとなる。鎌倉大仏の大きさは、古代・中世の仏像の像高における基準をふまえ、それを十倍にした「大仏」であるといえる。

### 八幡、八丈

前にも触れたように、上横手雅敬氏は幕府ないし板東《ばんどう》で八が吉数として喜ばれていたことを指摘し、その例として『吾妻鏡』治承四年（一一八〇）七月五日条に、源頼朝《みなもとのよりとも》が挙兵に先立って、伊豆走湯山《はしりゆ》の僧に仏に捧げる啓白《けいびゃく》を作らせたが、その中に「君は忝《かたじけ》なくも八幡大菩薩の氏人、法華《ほっけ》八軸の持者なり。八幡太郎の遺跡を稟《う》け、旧《もと》のごとく東八ヶ国の勇士を相従へ、八逆の凶徒、八条の入道相国の一族を対治せしめたまふの条、掌《たなごころ》の裏《うち》にあり。これしかしながら、この経八百部の読誦《どくじゅ》の加被によるべし」との一文があり、頼朝が感涙したという記事を紹介した。氏は、それゆえに八幡の夢告で、八丈の仏を造ることになった（『大仏旨趣』）のではないかと述べている（上横手、一九九二）。この考え方については「存外に正しいのではないか」（馬淵、一九九八）という意見もあるが、真偽は確かめようがない。

ところで、過怠料《かたいりょう》八千疋に続き、またしても筋の悪い想像かもしれないが、八丈＝八十尺＝八百寸＝八千分＝八万厘である。八丈という大きさを、長さの現実的最小単位厘で表せば、八万厘《はちまんりん》ということになるが、先述のように八万は八幡と音が通じるし、厘《りん》は神《しん》に対して韻をふむことにもなる。もちろん、それが大仏の像高を決めた理由などというつもりはないが、像高が決まった後、大仏関係者の中には、密かに大きさに意味付けを付与して楽しむことはなかったろうか。

## 鎌倉大仏の寺号

鎌倉大仏には寺院としての名称は特になかったようである。この点は早く、平子《ひらこ》鐸嶺《たくれい》氏が往時は深沢大仏堂・鎌倉新大仏・阿弥陀堂などと称していたと述べている（平子、一九〇九a）。つまり、東大寺大仏を例にすれば、「東大寺」の部分がなく、ただ大仏と称されたということになる。この点はきわめて異例であるといえ、ほかにあまり例をみない。これがなぜなのかを探る前に、実際に当時どのように呼ばれていたのか、同時代史料から挙げてみよう。まず、木造大仏は、

「相模国深澤里大仏堂」（『吾妻鏡』嘉禎四年三月二十三日条〈史料①〉）
「相模国深澤里大仏」（『吾妻鏡』嘉禎四年五月十八日条〈史料②〉）
「新大仏」（延応元年九月「新大仏勧進上人浄光跪言上」〈史料③〉）
「深澤大仏殿」（『吾妻鏡』仁治二年三月二十七日条〈史料④〉）
「新大仏殿」（『吾妻鏡』仁治二年四月二十九日条〈史料⑧〉）
「大仏」（仁治三年三月三日「関東御教書」〈追加法二〇〇、史料⑨〉）

以上の呼称が見出される。また、銅造大仏については、

「相州新大仏」（建長三年十一月～十二月「大般若経」〈『相州新大仏一切経』〉奥書〈史料⑩〉）
「大仏」（建長七年八月九日「関東奉行人連署奉書」〈追加法三〇四、史料⑪〉
「新大仏寺」（文永元年四月五日「東大寺真言院梵鐘」）
「鎌倉新大仏」（文永元年八月二日「大和国吉野郡金峰山蔵王堂鐘銘《きんぷせんざおうどう》」〈『集古十種《しゅうこじっしゅ》』〉）、文永十一年三月十七日「千葉・満光院銅造阿弥陀如来立像背面陰刻銘」）
「大仏殿」（文永五年十月十一日「日蓮《にちれん》書状（大仏殿別当《べっとう》への御状）」ほか同日付の日蓮書状、建治三年十一月二十日日蓮書状「兵衛志殿御返事」、ほか）
「大仏寺」（文永八年日蓮書状「種種御振舞御書」）
「大仏堂」（弘安四年九月二十日日蓮書状「上野殿御返事」）
などであり、木造大仏の場合とほぼ同様である。右の史料からみて、寺としての名称を持たなかったことを改めて確認できる。さらに、『吾妻鏡』にも記されないことや、日蓮が書状の宛先を「大仏殿別当御房」とし、その他の寺院名は誤りなく書いていることなども、これを裏付けている。
この中でも、『吾妻鏡』が木造大仏殿の供養に際して（仁治二年四月二十九日条）「新大仏殿」と記し、勧進上人の浄光《じょうこう》が「新大仏」と呼んでいることに注目すれば（「浄光跪言上」）、大仏本体は「新大仏」、建物あるいは寺院としては「新大仏殿」と称すのが正しいのであろうか。また、一般にも大仏・新大仏・大仏殿などと呼ばれていたことも推定できる。

### なぜ名称がなかったのか

これほどの本尊像を持つ寺に名称がつけられなかったという異例には、何か理由があるのだろうか。これまでこの点についてはあまり考察されていない。

西川新次氏は、「新大仏」は東大寺大仏・俊乗《しゅんじょう》上人の事蹟が意識されていると想像されるが、大仏堂・相州新大仏という名称は、権威者の企てとしてではなく、念仏聖人の勧進に成った性格がよくあらわれている、と述べた（西川、一九六一）。また、高橋秀榮氏は、相州新大仏という表記は、新長谷寺・新善光寺・新清涼寺・新法華堂など、「新」字を冠した寺院の建立が各地で相次ぎ、こうした鎌倉時代の新たな信仰運動と密接に関わっているかもしれず、浄光はそうした時代の空気・動向をかぎ取って命名したか、と述べている（高橋、二〇〇八）。両者とも、名称に関しては浄光の発意とみているが、本書は幕府主体で造立されたとみる立場である。従って、名称についても幕府の意向が働いていたとみるのが自然であろう。

しかし、これについて探るにはあまりにも材料がない。それゆえ、筆者は次のような仮説を述べたことがある（塩澤、二〇〇九）。東大寺像の場合も奈良朝以来、ただ大仏と書いたときは東大寺の盧舎那大仏を指すという感覚はあったようである。鎌倉初期を生きた九《く》条《じょう》兼実《かねざね》の日記『玉葉《ぎょくよう》』にも、単に大仏とのみ書かれていることもみられる。そこで推測するならば、鎌倉大仏は、単に「新大仏」ないし「新大仏殿」と呼ぶこと自体にも意味があったのではなかろうか。つまり、王法と仏法の象徴として、旧来の大仏（東大寺盧舎那大仏）に替わる、新しい大仏を○○寺の大仏という注釈付きではなく、単に新大仏・新大仏殿と呼ぶことで、東大寺の大仏への意識とそれに替わる新たな大仏という意義を、まことに端的に表現し、人々に印象付けているように思われる。だからこそ、あえて寺に名称を与えなかったのではなかろうか。とすれば、そこにも東大寺像に替わり、新たな像種により、新たな仏都鎌倉に、新しく造立された、文字どおり「新大仏」を創り出した幕府の自信が滲んでいるように思われるのである。

# 鎌倉大仏の立地

## 立地の確認

鎌倉大仏は現在、鎌倉市の西方に当たる長谷《はせ》に所在し、すぐ東側には稲瀬《いなせ》川が南流する。大仏はこの川が作った谷戸《やと》の入り口付近に当たる。山の多い鎌倉周辺では、寺院は谷戸の中や入り口に建てられることが多いが、大仏も同じである。大仏は今も市域の西であるが、当時も鎌倉の中心（鶴岡八幡宮《つるがおかはちまんぐう》付近）からみて、西方であったことは注意しておく必要がある。阿弥陀如来《あみだにょらい》のいる西方《さいほう》極楽浄土はその名のとおり、西のかなたにあるとされ、鎌倉の西辺に造られた大仏の立地は、阿弥陀如来の祀られる場所にふさわしい。古く丸尾彰三郎氏は、鎌倉大仏について、浄土思想から箱根山をみて、その山を越えて湘南の地に及んだとみられないかとした（「鎌倉地方仏像建長以前以後」『東洋美術』五、一九三〇）。大仏の立地を、鎌倉時代に流行した山越阿弥陀と呼ばれた来迎図に見立てたのである。

大仏の背後はすぐ山になっており、大仏坂切り通しを経て常葉（今の常盤）へ抜ける。ここは大仏口と呼ばれ、鎌倉と外部をつなぐ七つの出入り口の一つである。大仏から南へ真っ直ぐ下れば由比ヶ浜《ゆいがはま》の海へ出る。そこから浜づたいに西へ向かうと、鎌倉の西の境とされる稲村である。

## 里と保

大仏は現在はもちろん鎌倉市内であるが、造立当時からそうであったかは検討を要する。前に述べたように、鎌倉の市内には嘉禄元年（一二二五）から保《ほ》という行政単位が置かれた。保が置かれていれば、そこは「鎌倉中」（市街地ともいうべき中心区域で、幕府の所在地という意味を持った。境界には門などが設置された）であり、その外には保は置かれなかった。『吾妻鏡《あずまかがみ》』などには、鎌倉大仏が造立された場所について、「深澤里」（『吾妻鏡』嘉禎《かてい》四年〈一二三八〉三月二十三日条・同年五月十八日条・建長四年〈一二五二〉八月十七日条）、「由比の浦」（『東関紀行《とうかんきこう》』）、「深澤村」（『吾妻鏡』寛元元年〈一二四三〉六月十六日条）、と記す。『吾妻鏡』では大半が深沢里と記しているので、大仏が造立された当時の深沢は鎌倉の外であったとする見方が多い。『鎌倉市史』総説編（一九五九）では、養和元年（一一八一）九月に桐生六郎は鎌倉に入ることを許されず、武蔵大路から深沢を経て、腰越《こしごえ》に向かっているので、深沢が鎌倉中でなかったことが分かるとしている。しかし、同書はまた、鎌倉の四境《しきょう》が明らかにされると、鎌倉の内になったことはいうまでもないとする。

一方、浅見龍介氏は、鎌倉七口の一つである大仏坂切り通しのすぐ内側、いわば鎌倉城の中という重要地域が、頼朝が鎌倉に入る前は鎌倉郷の外であったとしても、以後は鎌倉の外ではあり得ないとみている（浅見、一九九六）。確かに鎌倉の境界を示す四境祭において、元仁元年（一二二四）十二月十六日では西は稲村であるが、嘉禎元年十二月二十日では固瀬《かたせ》河になっており、西へ広がっていることを示している。

また、松尾剛次氏は、鎌倉長谷寺《はせでら》に残る鰐口《わにぐち》の応永二十年（一四一三）の銘文に、「由比保」という記述があり、その頃長谷寺一帯に由比保という区画が設定されていたとし、それは鎌倉時代にさかのぼる可能性を指摘している（松尾、二〇〇五）。『東関紀行』は大仏の場所を、「由比の浦」としており、由比保とはしていないが、気になる表現である。嘉禎元年の四境祭では、西側は広がって固瀬《かたせ》河であったこととも併せ、大仏造立頃にその場所はどう認識されていたかは、今後も検討すべきであろう。

## 西の境界

大仏周辺が当時鎌倉の中であったかどうかはともかく、このあたりが都市鎌倉の西の境界領域であったことは間違いない。近年、中世の都市構造についての研究が進み、都市の周縁部は非人と呼ばれる人々や貧者・病人などが集まるところで、しばしば葬送の地でもあり、地獄になぞらえるような景観を呈していたことが分かってきた。そして、周縁部ではこうした人々を救済する事業も行われ、布教と救済に尽力する僧侶も現れた。

大仏の周辺もそうした地域であったらしい。石井進氏も注目したとおり、叡尊《えいそん》の鎌倉往復を記録した『関東往還記《かんとうおうかんき》』の五月一日条には、叡尊を迎えて「大仏悲田」で施しが行われたことが記される（「都市鎌倉における「地獄」の風景」『御家人制の研究』吉川弘文館、一九八一）。悲田とは悲田院《ひでんいん》ともいい、奈良時代に貧窮者や孤児を救うために平城京に設けられたのが最初であるが、叡尊らの鎌倉時代の真言律宗《しんごんりつしゅう》教団もこうした活動を行なった。大仏の西の極楽寺は彼らの拠点であった。叡尊が鎌倉に来たのは弘長二年（一二六二）であるが、悲田はそれ以前から置かれていた可能性がある。大仏造立に真言律宗の忍性《にんしょう》らが深く関わり、その後も大仏から前浜の一体は彼らが管理したという馬淵和雄氏の説は前に紹介したが、都市鎌倉の西の周縁部である大仏周辺を真言律宗が管理し、救済・教化の場にしていたことは間違いないだろう。

### 長谷観音・十王堂と大仏

浅見龍介氏は、大仏の近くに長谷観音（長谷寺）と十王堂《じゅうおうどう》があることに注目し、これら三者は一括して統一的構想のもと、幕府あるいは北条氏の主導により造られたと述べた（浅見、一九九六・二〇〇〇）。長谷観音は大仏のやや海寄りの西側で、今も多くの人で賑わっている。ここは詳しい寺史が不明だが、文永元年（一二六四）七月十五日付の梵鐘《ぼんしょう》があり、その頃には寺はかなりでき上がっていたことが推定できる。十王堂の後身は、今は建長寺《けんちょうじ》の向かい側にある円応寺《えんのうじ》であるが、もとは大仏の谷の東側、見越岳にあったといい、建長三年（一二五一）の像内銘を持つ初江王《しょこうおう》坐像が残る。そして、長谷観音の本尊十一面観音立像（図34）は像高約九メートル、十王堂内の閻魔《えんま》像がほぼ二メートル、ほかの九王は等身を上回るとみられ、いずれもかなり大規模な造像であった。こうしたことから、浅見氏はこの世の地獄の様相を示していた大仏谷に十王堂を造るのは、観者に来世の恐怖を目の当たりにさせ、仏教への帰依《きえ》を促すためで、長谷観音が地獄への救済者の役割を持ち、大仏の坐す浄土へ導くというストーリーが考えられ、この三者が同じような時期に造営されていること、いずれも大規模造像であること、位置が近接していることからみて、これらが一括した幕府による事業であるとした。

図34　鎌倉・長谷寺十一面観音立像（長谷寺提供）

これに対しては、十王堂と長谷観音の寺史は不明な点が多く、直接的な証拠はないとする意見もある（清水、二〇〇〇b）。確かに両者の寺史はあまり明らかでなく、この結論は保留するが、大仏の立地を考えるうえで今後も両者の存在は無視してはならないだろう。

# 大仏殿の建立とその後の大仏

## 姿をみせ始めた大仏殿

### 露座ではなかった鎌倉大仏

今では露座《ろざ》の大仏として親しまれている鎌倉大仏であるが、もともとは大仏殿の中に入っていたことはすでに述べたとおりである。『太平《たいへい》記《き》』巻十三によると、建武元年（一三三四）八月三日に名越《なごえ》式部大輔を大将とする軍兵五百余人が大風を避けて大仏殿に逃げ込んでいたところ、大仏殿が倒壊して一人残らず圧死したという。この時点で大仏殿は存在していたようである。

その後大仏殿は、応安二年（一三六九）九月三日にはやはり大風で転倒（『鎌倉大日記』）、文明十八年（一四八六）十月二十四日に禅僧万里集九《ばんりしゅうく》が大仏を訪れたときには堂宇はなく、露座であると述べている（『梅花無尽蔵《ばいかむじんぞう》』第二）。そして、明応四年（一四九五）八月十五日に大地震による洪水で海水が上がり、大仏殿を破壊したという（『鎌倉大日記』）。さらに、明応七年八月二十五日にも大地震があり、海水が大仏殿まで上がったと伝える（『塔寺八幡宮続長帳』）。

これらの史料により、大仏殿は建武元年に一度倒れ、応安二年にも転倒、文明十八年では露座、明応四年破壊、ということが分かるので、建武元年から応安二年の間に再建され、文明十八年から明応四年の間にも再建されたことになる。明応七年のことは、同四年以降に再建されたとは考えられないから、壊れて残されていた大仏殿のところまで海水が上がったということであろう。これほどたびたび再建されたのを疑う向きもあるが、史料からは少なくとも二度は再建されている。

しかし、大仏殿は遅くとも明応七年以降は再建されず、大仏は現在に至る五百年あまりを露座ですごしている。

## 大仏殿の完成時期

当初の大仏殿はいつ完成したのだろうか。これについては、従来大きく分けて二つの考え方があった。一つは、森克己氏が紹介した関東大仏造営料唐船を宋へ派遣することを記した金沢貞顕《かねざわさだあき》書状（森、一九三六）が、元徳二年（一三三〇）に比定されることから（百瀬今朝雄「元徳元年の『中宮御懐妊』」『金沢文庫研究』二七四、一九八五)、大仏本体ないし大仏殿の完成がこの頃まで延びていたという考え方である(森、一九三六。および清水、一九七九など)。いま一つは、時期は特定できないものの、比較的すみやかに建てられたであろうという見方である。

本書では大仏殿は木造大仏を鋳造《ちゆうぞう》する際にいったん解体し、鋳造後再度建て直したと考えていることはすでに述べた。それは遅くとも、鋳造開始の後、「大仏殿」という語が初めて史料に現れる文永五年(一二六八)までには完成していたと考えられる(塩澤、一九九六b)。しかし、当初の大仏殿の姿を具体的に探るとなると、史料からの検討ではお手上げに近かったのである。

## 明らかになった大仏殿の痕跡

平成十二年(二〇〇〇)と同十三年に行われた大仏境内の発掘調査が多くの未知の情報をもたらしてくれたことはすでに述べたが、その中でも大きなことの一つは、大仏殿礎石《そせき》下の遺構と大仏殿の規模が明らかになったことである(『鎌倉大仏周辺発掘調査報告書』鎌倉市教育委員会、二〇〇一・二〇〇二)。

礎石下の遺構というのは、礎石を置く場所の地面を直径三メートル、深さ二メートルほど掘り下げ、穴の中に粘土と砂利を交互に叩き締めて、詰め込んだもので、版築《はんちく》とも呼ばれる工法である。これは礎石にかかる大仏殿の重みで地盤が沈んだり傾いたりするのを防ぐために、礎石の下を固めたのである。いわば根固めである。この作業はとても丹念に行われたようである。この遺構は今回の発掘によって初めて確認された。

この根固め遺構の場所の上には礎石が載り、その上には柱が立っていたわけであるから、その場所を確定させることにより、大仏殿の当初の規模が判明する。今回の発掘では、境内全面を掘ったわけではないが、それでも効果的な発掘により、礎石の位置を推定することができたのである。それが図35である。平面図中の黒丸のうち、大きい印は発掘によって根固め遺構が確認された場所、小さい印は推定される礎石（柱）の位置である。これによって、大仏殿の柱位置はほぼ確定し、平面規模が判明した。大仏殿は各面とも柱が八本並ぶ七間《けん》四方で、桁行《けたゆき》（幅）は百四十五尺（約四四メートル）、梁行《はりゆき》（奥行き）は百四十尺（約四二・五メートル）。正面中央の柱間は二十七尺と広く、両側二間は二十二尺、両端は十五尺、梁行は両端が十五尺、ほかは二十二尺である。つまり、正面側は礼拝の便のため、側面より中央が五尺広く造られている。殿内中央部分は、大仏が安置されているので、柱はない。

大仏殿礎石については、『義演准后日記《ぎえんじゆごうにっき》』慶長十五年（一六一〇）四月十九日条に、七間四方の礎石が残されていること、宝永元年（一七〇四）九月七日付の「宝永元年訴状及び

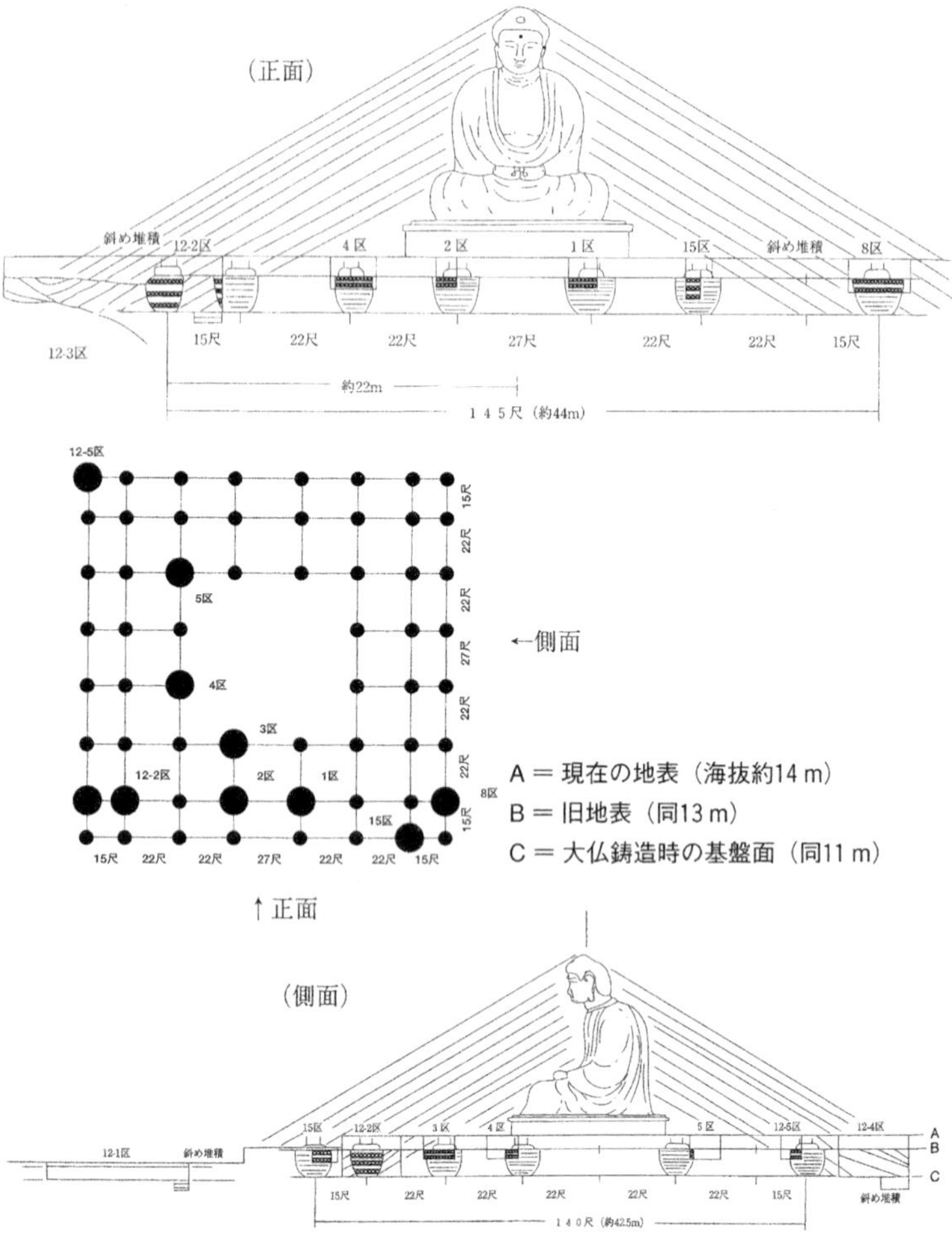


図35　鎌倉大仏周辺根固め遺構模式図と大仏殿平面プラン（福田誠氏作図）

覚書」に、境内に残る礎石が六十個、大仏殿の規模が南北二十一間、東西二十五間と記す。いずれも、発掘からの推定結果とおおむね一致する。

世界最大の木造建築である現在の東大寺大仏殿は、桁行五七メートル、梁行五〇・五メートルであるから、鎌倉大仏殿の方が幾分小さいが、かつての西大寺・大安寺のような巨大官寺の金堂でも桁行三六メートルと推定され、平城宮大極殿が桁行四五メートル、梁行二〇メートルであったので、これらと比べると、鎌倉大仏殿の巨大さが理解できよう。

また、大仏殿が瓦葺でないことが判明したことにより、当初の大仏殿は檜皮葺《ひわだぶき》あるいは柿葺《こけらぶき》と推定でき、その頃導入された宋朝《そうちょう》様の禅宗寺院にそうした建築がみられることから、大仏殿も禅宗様だったかとの見方もある（『鎌倉大仏周辺の発掘調査―大仏造営手法と大仏殿の推定―』鎌倉市教育委員会、二〇〇二）。筆者は瓦を用いなかったのは、解体を前提にしていたからと考えているが、その結果、禅宗様が採用されたことは十分ありえよう。

## 寺院としての大仏殿伽藍

鎌倉大仏には寺号はなく、おそらく「新大仏」「新大仏殿」などと称されていたことはすでに述べたが、寺院としての伽藍《がらん》構成はどのようであったのか。大仏殿以外に付属する堂舎はなく、大仏殿だけの寺院であったという見方もあるが（松尾、二〇〇五）、大仏は単なるモニュメントではなく、また大仏殿もただの箱ではない。ここは寺院である。寺院として機能させる以上、そこには僧侶がいなくてはならないし、事実その存在が確かめられている。前にも触れた千葉・満光院銅造阿弥陀如来立像（図24）の文永十一年（一二七四）の銘文には、「鎌倉新大仏住侶寛□」の名が刻まれている。住侶、すなわち大仏殿に住まう僧侶がいたのである。

とはいえ、大仏殿の中に住んでいたわけではないから、僧侶が居住する僧坊があったと考えられる。発掘成果によれば、大仏の背後約四〇㍍から六〇㍍あたりには、鋳造の痕跡である斜面堆積はなく、代わりに水平に地盤を固めた層がみつかり、十三世紀後半から十四世紀前半のかわらけ・青磁《せいじ》などがみつかり、さらに九〇～一〇〇㍍あたりでは青磁片・石鍋片・国産陶器・宋銭などがみつかっている。出土遺物の豊富さから、僧坊などの居住空間であった可能性が指摘されている（『鎌倉大仏周辺発掘調査報告書』鎌倉市教育委員会、二〇〇二）。

# 大仏殿の宗派や信仰

寺院として機能していた大仏殿は、信仰や宗派など、仏教的にはいかなる性格を持っていたのだろうか。それを考える前に、鎌倉における仏教事情を大仏造立以前にさかのぼって略述しておく。なお、こうした問題については、関係著作・研究も多いので、ここではできるだけ簡潔にしたい。

## 大仏以前の鎌倉の仏教

現代の鎌倉では建長寺《けんちょうじ》や円覚寺《えんがくじ》などの禅宗寺院が大変有名であるが、十三世紀半ば頃までは禅宗などの新仏教ではなく、天台《てんだい》・真言《しんごん》という密教系の旧仏教が鎌倉の仏教の中心をなしていた。当時の鎌倉では、鶴岡八幡宮寺《つるがおかはちまんぐうじ》・勝長寿院《しょうちょうじゅいん》・永福寺《ようふくじ》・大慈寺《だいじじ》という源家将軍御願《ごがん》の寺院が中枢を占めていたが、こうした寺院では園城寺《おんじょうじ》系（天台寺門派）・東《とう》寺《じ》系（真言宗）・延暦寺系《えんりやくじ》（天台山門派）の僧侶が別当《べっとう》を務め、住僧も同様であった。また、彼らは朝廷から僧位・僧官を受けた官僧と呼ばれる僧たちであった。これに対し、新仏教の僧は官僧身分を持たず、遁世僧《とんせいそう》と呼ばれたことは前に述べた。

## 新仏教と鎌倉

いわゆる新仏教は、念仏系《ねんぶつ》（浄土系）の一部を除いては鎌倉への進出は遅れ、専修《せんじゅ》念仏者（浄土真宗など）や日蓮《にちれん》宗は幕府から取り締まりの対象とされた。念仏系の中でも、戒律や修行を重んじ、他宗派とも協力関係を築ける系統（諸行本願義《しょぎょうほんがんぎ》など）は、勧進僧としても活躍し、北条氏などの有力者の建てた寺院にも進出した。北条実時《ほうじょうさねとき》の建てた称名寺《しょうみょうじ》、北条重時《しげとき》の建てた極楽寺などはその好例である。

禅宗や真言律宗《りつしゅう》は、十三世紀の半ば頃から大きく勢力を伸ばした。前者は主に臨済《りんざい》宗で、建長五年（一二五三）に建長寺が完成して以降、幕府の支持を得て急速に勢力を拡大した。後者についてはすでに触れたとおり、弘長二年（一二六二）の叡尊《えいそん》の鎌倉入り以降一段と勢力を伸ばし、極楽寺に入った忍性《にんしょう》はその中心人物となった。真言律宗も幕府との密接な関係のもと、他宗派との協力関係を進め、次第に念仏系などを包摂するようになり、右記の念仏系寺院として記した称名寺や極楽寺は、律院となっていったと考えられている。

ただし、中世における宗派は近現代のように固定的なものではなく、いわば一つの科目のような側面もあり、一人の僧がいくつかの教えを兼修・兼学することも珍しくなく、一寺院の性格も必ずしも一宗派に限定されるわけではなかった。たとえば、律院化した称名寺の二世審海は天台・真言・法相《ほっそう》・律を兼学する人であったし、浄光明寺《じょうこうみょうじ》は諸行本願義・華厳・真言・律の、覚園寺《かくおんじ》は真言・律・諸行本願義・禅を兼学する寺院であった。また、日蓮は、忍性が「百万反《べん》の念仏をすすめ」たと書いており（建治三年十一月二十日「兵衛志殿御返事《ひょうえさかん》」）、念仏系との兼学が盛んであったことを伝えている。また、遁世僧としての真言律僧は一寺院の中で官僧と棲み分け、共住することも多かった。

それゆえ、真言律宗と念仏系・密教系など他宗派との関係も、必ずしも律による吸収・支配一辺倒ではなく、協力・共存的側面があったと考えられ、称名寺などでも念仏僧が駆逐されることはなかった。こうした実態は、大仏殿について考えるときにも重要である。

## 大仏殿の信仰

大仏殿の信仰実態を知らせてくれる史料は乏しいが、可能な範囲で推測してみよう。

まず、木造大仏の時代について考えてみたい。木造大仏は供養がなされたわけであるから、別当・住侶がいたはずであるが、全く伝わらない。ただし、寛元元年（一二四三）の供養の導師は勝長寿院別当を務めていた官僧の良信であり、彼が幕府に信任厚い僧であることは前に述べた。大仏造立の主体は幕府であったと考えられるので、供養導師だけでなく、その後の住侶も幕府との関係の深い僧侶がなったと思われる。とすれば、密教系の僧侶であろうか。大仏の結ぶ定印《じょういん》は、両界曼荼羅《りょうかいまんだら》に描かれ、密教系の造像によくみられることとも矛盾しない。また、『大仏旨趣』は鎌倉大仏を八幡の本地ゆえに阿弥陀如来であると説くが、鎌倉の八幡信仰の中心地鶴岡八幡宮寺は右のとおり、官僧の密教僧で占められていた。大仏殿も同様であったかとも思われるが、現状ではあまりにも史料がない。

　完成間もない銅造大仏の大仏殿の性格をうかがわせてくれる史料がある。文永五年（一二六八）の十一通の日蓮書状である。日蓮は忍性などの幕府と密接な僧や、律・禅・真言・浄土などの幕府体制側諸宗派をしばしば攻撃したが、この時は執権時宗らの幕府要人と建長寺蘭渓道隆《らんけいどうりゅう》・極楽寺忍性・寿福寺・浄光明寺などに書状を送った。その中の一通が「大仏殿別当」宛てであった。人物の名前が書かれていないのは残念である。これが大仏鋳造開始以降の「大仏殿」の語の初出であり、これ以前に大仏殿は完成したとみられることは前記した。この時の日蓮書状から分かるのは、彼の目には大仏殿が幕府体制側に属する重要な寺院の一つと映ったということである。鎌倉大仏が幕府によって王法と仏法の象徴として造られたことを考えれば、大仏殿がこうした性格を持っていたことはむしろ当然ともいえるが、日蓮の目を通してそれを確かめられるのは意味があるし、逆に大仏造立の主体や目的についての先の推定を裏付けてくれることともなろう。

## 念仏と律

銅造大仏になってからの大仏殿の別当や住侶を伝える史料は、次の二点である。一つは、前に述べた文永十一年（一二七四）銘の千葉・満光院銅造阿弥陀如来立像銘文（図24）で（塩澤、一九九六b）、もう一つは、『性公大徳譜』『忍性菩薩遊行《ゆぎょう》略記』などの律系史料に伝える弘安七年（一二八四）の忍性の別当就任である。

前者銘文によれば、この像は「鎌倉新大仏住侶寛□」が浄光上人の菩提《ぼだい》を弔って造ったと記されており、まことに意義深い。また、住侶の存在を確認できる意味も大きい。

ところでこの像は、善光寺《ぜんこうじ》式阿弥陀三尊像と呼ばれる形式を示している。善光寺式阿弥陀三尊像とは、信濃（現長野県）善光寺の秘仏本尊をモデルにした形式で、中尊《ちゅうそん》や脇侍《わきじ》の手の形に特徴がある。善光寺の本尊は、仏教公伝の時に百済聖明王から欽明《きんめい》帝に献上された仏像が移されたと伝えられ、平安後期以降、その特別な由緒から浄土教系（念仏系）諸派を中心に多くの信仰を集め、鎌倉時代からはその模像が盛んに造られた。この像は、左手の第二・三指を伸ばし、他指を捻《ねん》ずる形が善光寺式の特徴を示し、その中尊像であったと知ることができる。善光寺信仰は当時広く行われており、北条泰時《やすとき》や時頼《ときより》、名越《なごえ》家の諸氏など、北条氏の中にも広がっていた。「寛□」を念仏僧と断定はできないが、その可能性は高く、少なくとも釈迦信仰を中核としていた律系の僧侶ではなかろう。そうした僧侶が大仏殿住侶となっていたことは、大仏殿の性格を考えるうえで見逃せないし、特に善光寺信仰を持った人物であったということは次節に関わるので注意したい。

一方、後者は大仏殿が律院化したことを示す事柄として捉えられている。それがいつからなのか、馬淵氏の考えるようにそもそも大仏造立は真言律宗が中心となっていたのか、それともやや遅れるのかはともかく、遅くともこの時には律の主導する寺院となったのであろう。ただし、前記したように律院であるからといって、ほかの宗派や信仰が駆逐されるわけではない。忍性は弘安七年に同時に永福寺・明王院の別当にもなっているが、両寺は鎌倉前期以来一貫して密教寺院である。忍性が別当になったからといって、それは必ずしも大仏殿が真言律一辺倒になったことを意味するわけではない。「寛□」のような念仏系僧侶も共存していたことと思われる。

# 大仏殿と名越氏

## 「大仏殿立させ給て」

前にも触れた建治三年（一二七七）十一月二十日付の日蓮《にちれん》書状（「兵衛志殿御返事」）には、大仏殿に関して注目すべきことが書かれている。それは、次のような一節である。

なこえの一門の善覚寺・長楽寺・大仏殿立させ給て……

この書状には、忍性《にんしょう》を信用した北条氏諸家の人々がいかに悲劇的な末路をたどるかを事細かく述べており、ここはその一部分である。この前には、北条重時《しげとき》（極楽寺殿）流の人々、この後には得宗《とくそう》家の時宗《ときむね》・時輔《ときすけ》のことが書かれている。ここでその内容を詳しく書くことはできないが、失脚・不幸・悲劇などさまざまな出来事を忍性との関わりに原因があるとしている。注目したいのは、これらの出来事は日蓮が自説に説得力を持たせるために、巧みに事実を組み合わせて書かれているということである。それゆえこの前後部分はほぼ全てが史実に基づいており、全体としてかなり信憑性が高いといえる。

この部分は、その前後に北条氏諸家を個別に述べているから、「なこえの一門」を北条氏全体という意味に解することはできない。とするならば、大仏殿は「なこえの一門」、つまり北条氏名越家（以下、名越氏）によって建てられたことになる。

名越氏は、北条泰時の弟朝時《ともとき》の系統をいい、鎌倉名越を本拠にしていた。名越氏は得宗家と並ぶほどの力を持ち、得宗家とはしばしば対立もした。日蓮のいう名越氏による大仏殿建立は事実なのだろうか、しばらくこのことについて探ってみたい。

## 名越氏と善光寺信仰

日蓮書状以外に、名越氏と大仏殿をつなぐ手がかりとしては、善光寺《ぜんこうじ》信仰が思い浮かぶ。前節で大仏殿住侶が善光寺信仰を持っていたことを確認した。ところが、名越氏は北条氏の中でも善光寺信仰に深く関わる一族として知られている。表1の年表のとおり、北条氏は泰時以降、各氏が信濃善光寺への助成を行なっているが、寛元四年（一二四六）の供養について『吾妻鏡《あずまかがみ》』同年三月十四日条は、名越朝時が子息に善光寺大檀越《だんおつ》となることを遺言し、これによって同年の供養のはこびとなったことを記しており、名越朝時およびその一門はみずからの善光寺信仰を背景に檀越となったことが明らかである。『善光寺縁起』が文永八年（一二七一）の復興を亡き朝時の名で伝えるのも、名越氏と善光寺の深い関係を背景にしていた結果、誤って伝えられたとも理解できる。

さらに、前項の日蓮書状に書かれる「善覚寺」は、一般に鎌倉新善光寺のことを指すと

表1　名越氏と善光寺の関係

| | |
|---|---|
| 一一八七年（文治三）七月二十七日 | 源頼朝、治承三年の火災で失われた堂舎の再建を命ずる（『吾妻鏡』） |
| 一一九一年（建久二）十月二十二日 | 曼荼羅供養を行う（『吾妻鏡』） |
| 一二三七年（嘉禎三）十月十六日 | 五重塔供養を行う（『吾妻鏡』） |
| 一二三九年（延応元）七月十五日 | 北条泰時、不断念仏料として六町六段を寄進する（『吾妻鏡』） |
| 一二四六年（寛元四）三月十四日 | 名越朝時の子息、父の遺言により大檀越となって供養を行う（『吾妻鏡』） |
| 一二五三年（建長五）四月二十六日 | 北条重時を檀那として修造供養を行う（『吾妻鏡』） |
| 一二六三年（弘長三）三月十七日 | 北条時頼、不断念仏料として六町を寄進する（『吾妻鏡』） |
| 一二七一年（文永八）十月九日 | 文永五年の火災で失われた堂舎の復興供養を行う。名越「朝時遠江守」（注）、本尊の鍍金を行う（『善光寺縁起』） |
| 一三一三年（正和二）三月二十四日 | 北条高時、焼失した諸堂の造営を行う（『善光寺縁起集註』巻六） |

（注）ただし朝時は寛元三年（一二四五）にすでに没す

されている。本書状中の内容は先述のように、かなり忠実に史実を伝えていると考えられるので、当寺は名越氏の建立ということになろう。新善光寺は『吾妻鏡』正嘉二年（一二五八）五月五日条の記事から鎌倉の名越の地にあったことが知られ、立地からも名越氏との関係が想定されるが、新善光寺はその名のとおり善光寺信仰の一中心であったと考えられる。名越氏による当寺建立の蓋然性《がいぜんせい》は十分肯《うなず》ける。

このように、名越氏は善光寺信仰とはことのほか深い関わりを持ったことがわかり、ここに大仏殿住侶との接点が見出せる。

## 新善光寺の性格

新善光寺の創建は明らかではないが、仁治三年（一二四二）には泰時の臨終に際して当寺の智導上人が念仏を勧めたことが知られており（『北条九代記』仁治三年六月十五日条）、北条得宗家との関係が確認できる。また、この寺は鎌倉の念仏者中心人物と目された道教《どうきょう》が別当《べっとう》を務めていたこともよく知られていたようで、『関東往還記《かんとうおうかんき》』七月十九日条は彼を「念仏者主領」と呼んでいる。その道教は、叡尊の鎌倉入りの際に対面を求め、授戒しているので、この頃以降、新善光寺は律と念仏系の兼学寺院となったようであるし、表2の年表のように、密教もそれに含まれたらしい。つまり、幕府と親近な真言律を中心とする諸宗兼学寺院であったと思われ、大仏殿とよく似た性格を持っていたと推定できる。

## 大仏殿と名越氏

以上のことをまとめると、日蓮は大仏殿が名越氏の建立と書いている。大仏殿には善光寺信仰を持った住侶がいた。名越氏は善光寺信仰に篤く、鎌倉新善光寺も名越氏の建立とみられる。新善光寺は大仏殿と似た性格を持っていたと思われる、ということになる。こうした関係を図示すると、図37のようになる。大仏殿と名越氏の関係を直接に示すのは日蓮書状だけであるが、両者をめぐる状況からすれば決して不自然な話ではないし、そもそも日蓮書状の内容は信憑性が高い。これらを総合すると、名越氏は大仏殿建立の推進者ないしは深く関わった一族ということになろう。

十四世紀ではあるが、これを傍証する事実が二つある。一つは、元徳二年（一三三〇）

表2　新善光寺の活動

| | |
|---|---|
| 一二四二年（仁治三）六月十五日 | 智導上人、泰時の臨終に際し念仏を勧める（『北九代記』） |
| 一二五八年（正嘉二）五月五日 | 名越時章の山荘、新善光寺の辺にあり（『吾妻鏡』） |
| 一二六二年（弘長二）七月十九日 | 別当道教、西大寺叡尊に対面を求める（後に受戒）（『吾妻鏡』） |
| 一二九二年（正応二）十二月二十一日 | 楽範、公然から伝法灌頂を受ける（『金沢文庫古文書』六四二四） |
| 一三〇九年（延慶二）一月十四日 | 鶴岡二十五坊乗蓮坊供僧弁恵、当寺で称名念仏大往生を遂げる（『鶴岡八幡宮寺供僧次第』） |

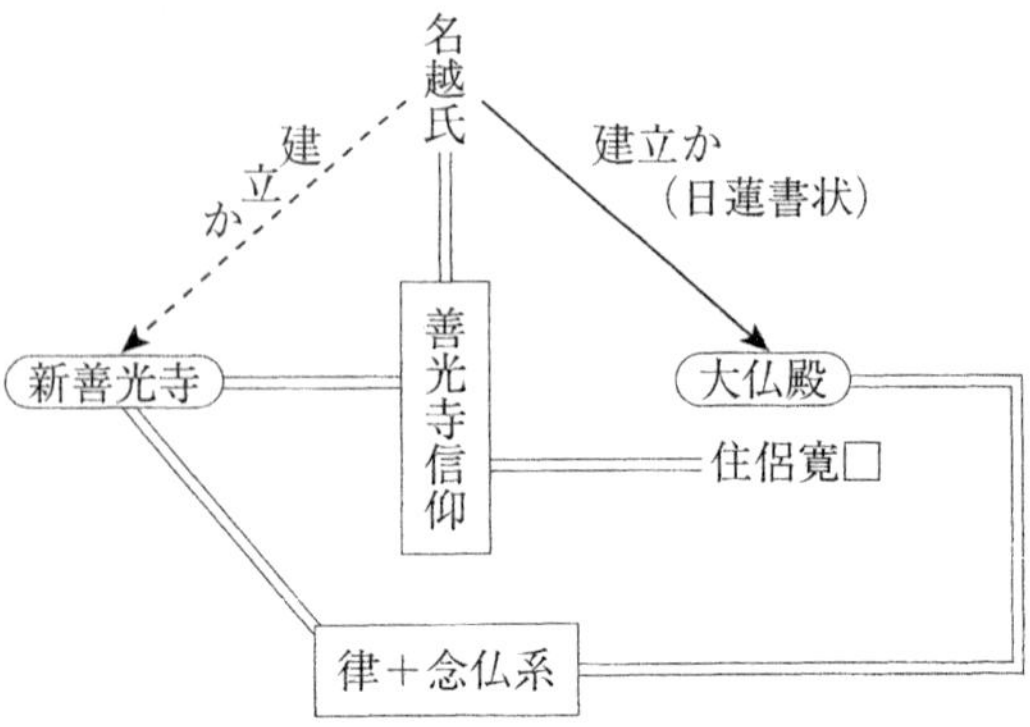

図37　大仏殿と名越氏の関係

の「金沢貞顕《かねざわさだあき》書状」に記された関東大仏造営料唐船に関することである。この船のことはこれまで何度か触れたが、大仏本体ないし大仏殿に関わる何らかの修理のために、その費用をまかなう貿易船を宋へ派遣することが計画されたのである。書状中には明春に関東大仏造営料唐船が宋に渡るので大勧進名越善光寺長老御使の道妙房が年内に上洛する旨などが書かれている。従来これについては、船の目的や意味についてを中心に論じられてきたが、なぜ「名越善光寺長老」が「大仏造営」の大勧進を務めたかについてはあまり検討されておらず、この史料だけでは説明が難しい。しかし、右の構図を前提にすればすんなりと理解できる。

もう一つは、大仏殿の倒壊を伝えた『太平記《たいへいき》』建武元年（一三三四）八月三日の記述である。前述のように、この日、名越式部大輔率いる軍兵五百余人が大風を避けて大仏殿に

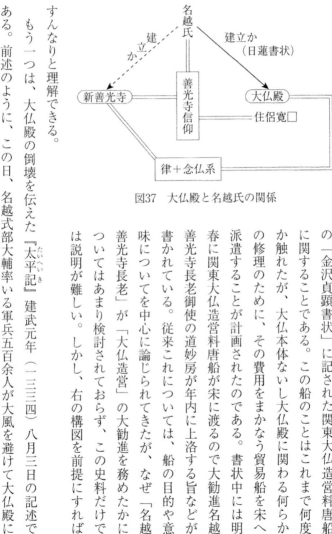

逃げ込んでいたところ、大仏殿が倒壊して一人残らず圧死したという。名越氏と大仏殿の関係が深いとするならば、この「名越式部大輔」率いる軍兵五百余人が大風の避難場所に大仏殿を選んだというのも、あるいは単なる偶然ではなかったのではあるまいかとの想像も可能である。

## 名越氏と得宗家

ここまでに述べたことは、かつてもう少し詳しく書いたことがある（塩澤、一九九六b）。しかし、これに対しては、上横手雅敬氏から「大仏はあくまでも幕府の全面的援助で建てられたのであり、念仏に帰依《きえ》する名越氏は、大仏造立に協力しているとしても、名越氏が中心となって大仏（殿）が造られたかのように考えることはできない」との批判がある（上横手、二〇〇六）。念のため述べれば、筆者も大仏本体が名越氏による造立とは考えておらず、大仏殿に関する問題として名越氏を扱っている。ただ、妙な言い方になるが、上横手氏の批判は、もっともと思える部分がある。

本書でも大仏の造立主体は幕府であると述べてきた。具体的には、当然ながら、北条泰時から時頼に至る得宗家がその中心的役割を果たしたと思われる。一方、得宗家と名越氏の関係は時頼の代以降、緊張をはらみ、いくつかの事件も起こっている。たとえば、泰時の弟朝時子息たちのうち、光時は寛元四年（一二四六）に前将軍頼経《よりつね》を擁して執権時頼を倒そうとしたとされ、時頼に機先を制せられ、失脚。その後、伊豆へ蟄居《ちっきょ》させられた。これは頼経派の評定衆《ひょうじょうしゅう》罷免《ひめん》と頼経鎌倉追放へと発展する大きな事件となった（宮騒動）。また、文永九年（一二七二）、光時の弟教時《のりとき》は、六波羅探題《ろくはらたんだい》南方であった時輔《ときすけ》（執権時宗の庶兄）と結んで時宗を除こうとしたとされて、時宗側に討たれ、教時の兄時章もこの時、間違われて襲撃され、死去している（二月騒動）。

このように、銅造大仏鋳造前頃から幕府の中の反主流派ともいうべき存在になっていた名越氏が、大仏殿を建立し、それをみずからの勢力下に置くということがありうるのか。とはいえ、前項までに示した構図が全て成り立たないと考えるのも難しい。とすればいかなる事情なのか。たとえば、二月騒動以前には大きな力を保っていた名越氏が大仏殿建立に尽力し、それを影響下に置くことでみずからの勢力拡大をねらったのであろうか。あるいはまた、泰時の頃、すなわち木造大仏の時代には両者の関係は良好であったので、その時期に名越氏が中心的役割を果たし、それが契機で関係が続いたのか。さらには、浄光《じょうこう》などの大仏殿にとっての重要人物（僧侶）が名越氏出身であったのか（浄光の出身とされる遠江国は北条氏の支配が強い国で、遠江守《かみ》は名越朝時が嘉禎二年〈一二三六〉に就いて以降、守は名越氏が任じられることが多かったことと関連があるのだろうか）、何か事情がありそうであるが、今は問題点と可能性を指摘し、今後の課題としたい。

なお、近時、武笠朗氏は鎌倉大仏自体が善光寺信仰を背景に造られた可能性を説いた(「善光寺信仰とその造像をめぐって」『仏教芸術』三〇七、二〇〇九)。ただし、氏自身も述べるとおり、その場合なぜ鎌倉大仏が善光寺式阿弥陀如来に特有の印相ではなく、定印とされたのかが明らかにできない。この説の当否はしばらく保留したい。

# 大仏の時代――エピローグ

## 頼朝の方法

再び、プロローグで触れた十二世紀末の東大寺復興に戻ってみよう。源頼《より》朝《とも》は建久六年（一一九五）三月十二日の東大寺供養に大軍を率いて参列した。この時だけでなく、頼朝は東大寺復興には並々ならぬ熱意で助成を行なっており、この参列はその総仕上げであった。頼朝自身が米・黄金・絹などを奉加した、直接的な支援を列挙すると、次のとおりとなる。

① 元暦元年（一一八四）六月の大仏鍍金《ときん》用の黄金千両
② 文治元年（一一八五）三月の米一万石・金一千両・上絹一千疋
③ 建久五年三月の光背漆箔《こうはいしっぱく》のための砂金二百両

④　同年五月の光背漆箔のための砂金百三十両

⑤　建久六年三月の供養に奉納の米一万石・黄金一千両・上絹一千疋、東大寺への馬千疋

右を少し補足すれば、②は大仏開眼《かいげん》供養《くよう》の五か月前で、奉加の内容が⑤の供養の折とほぼ同じであるので、これは開眼供養への奉加と推察される。

こうした頼朝自身による直接奉加以外にも、御家人に命じて請け負わせたり、朝廷や重源・東大寺などとの調整を行なったり、奥州藤原氏へ圧力をかけて奉加を促すなど、間接的な支援も大きかった。東大寺大仏の復興は、頼朝一人によるものではないが、彼の助成・支援なしには到底成らなかったであろう。ここに、鎌倉時代一つめの大仏が頼朝と幕府によって成ったのである。そして、この意味により、東大寺大仏は鎌倉幕府造像の一例ともいえる。

頼朝自身の助成は、大仏（本体と光背）の完成、とりわけ仕上げの金色と、文治元年の大仏開眼や建久六年の大仏殿建立といった大切な節目での大きな供養二つに絞られている。最も中心となる儀式へ奉加することにより、大檀越《だいだんおつ》としての存在を効果的に天下に示すことを狙ったのであろう。助成の目的がこうした政治的意図によるものであることは疑いな

い。

しかし、さらにいえば、単なる大きなデモンストレーションを行なったのではなく、東大寺大仏だからこそ助成し、わざわざ出向いたのであろう。『吾妻鏡《あずまかがみ》』文治元年三月七日条に記載される、頼朝が南都衆徒に送った書状には、「如旧令遂修復造営。可被奉祈鎮護国家也」（旧の如く修復造営を遂げしめ、鎮護《ちんご》国家を祈り奉らるべきなり）、「王法仏法共以繁昌候歟」（王法仏法共に以て繁昌し候はんか）とあり、彼が鎮護国家・王法仏法の繁昌という国家仏教的意図をよく理解していたことがはっきりと語られている。盧舎那《るしゃな》大仏を復興させ、その大檀越になることで頼朝が天下に示したのは、単なる実力や威光ではなく、為政者としての資格だったと思われる。一方で、見方を変えると、東大寺大仏にこだわるというところが、都人として育った頼朝の古代的性格をよく示している。

建久六年の供養に接し、頼朝は鎌倉に大仏を造立することを考えたのではないかと推測する見方もあることは前記したが、筆者にはそのようには思えない。頼朝は東大寺復興大檀越に満足であったと思う。奈良朝以来、王法と仏法の象徴であった東大寺大仏。頼朝は、東大寺復興に積極的に関わり、これを成功させた大檀越になることにより、王法を行う資格が自分にあることを天下に示したのであった。これが頼朝の方法であったと考えている。

## 泰時・時頼の方法

建久六年（一一九五）の供養から半世紀近くを経た寛元元年（一二四三）、鎌倉に木造大仏が供養された。やがて銅造大仏に転換するまでに、さらに二十年前後を要したと思われるが、ともかくここに新大仏が誕生した。

鎌倉大仏は、承久《じょうきゅう》合戦（一二二一）後の日本列島にその統治を浸透させつつあった幕府が造立主体となり、みずからの為政者としての正当性を示すべく、その府の置かれた鎌倉の地に創り上げたものと考えられる。中世においても王法と仏法は相携えながら発展してゆくという思想が生きていたことは、右の頼朝書状をみても明らかである。いわば、新たな王法を行うに当たり、仏法の象徴たる新大仏が生み出された。これが鎌倉大仏であるといえよう。

したがって、鎌倉大仏は当然ながら、東大寺大仏を強く意識したはずである。勧進上《かんじんしょう》人《にん》を置いて進めるやり方なども、東大寺の例に倣っている。しかし、鎌倉大仏は単なる模倣ではなかった。独自の理論的裏付けにより、像種を阿弥陀如来《あみだにょらい》に改め、それにふさわしい立地を求め、その姿は鎌倉幕府造像の伝統に基づく運慶《うんけい》様と、新来の宋朝《そうちょう》様が統合されたものであった。そしてこれを単に新大仏・新大仏殿と呼ぶことで、東大寺の大仏への意識とそれに替わる新たな大仏という意義を、見事に端的に表現し、人々に印象付けたのであろうと思われる。その意味で、鎌倉大仏は中世的な大仏ともいえる。こうして二つめの大仏が出現した。

鎌倉に新大仏を造ったことは、全国支配を強化しつつあったこの時期の幕府の政策、あるいは政権体質と軌を一にしていることは疑いない。それについてここで詳述することはできないが、ほんの一例を挙げれば、『御成敗式目《ごせいばいしきもく》』ほかの独自の法制整備や天皇のみが行なってきた鎮護国家の法会大仁王会《におうえ》の開催などが挙げられる。『御成敗式目』の制定は貞永元年（一二三二）、木造大仏着工の直前である。言い換えると、両者は式目の制定により人の世の法を定め、大仏造立により仏法の象徴を示した行為とみることができ、互いに連動したことといえる。また、大仁王会は松尾剛次氏の指摘するように（『中世都市鎌倉の風景』吉川弘文館、一九九三）、鎌倉では承久合戦直後に初めて行われ、建長四年（一二五二）九月二十五日からは毎年開催されるようになったことは、時頼政権の意図をよく示すものであろう。そして、これが銅造大仏の鋳造開始の翌月であることも注目され、ここでも両者は連動していたと思われる。

このように、為政者としての威信と正当性を込めて、幕府はみずからの新しい仏都鎌倉に新たな大仏を生み出した。頼朝の方法とは異なり、これが泰時・時頼の方法であったと考えられる。

## 大仏の時代

鎌倉時代は、ある意味で大仏の時代といえる。大仏という存在は、奈良朝以来、日本社会の中で、鎮護国家あるいは王法と仏法の象徴として、広く人々にも浸透してきた。東大寺大仏が開眼供養されて以後、この状況は四百年以上続いてきた。しかし、治承四年（一一八〇）末に焼け落ちてしばらくの間は、大仏は不在であった。そして、鎌倉時代に入ると、わずか半世紀の間に二つの大仏が誕生したのである。

鎌倉時代の社会は、二元的構造を持っていたことはよく知られている。京都の朝廷と鎌倉の幕府という、二つの政権と二つの首都が日本に存在したようなものであった。政治ばかりではなく仏教・造形・文学など、文化のうえでもそれぞれに個性が発揮されていた。

こうした状況を反映して、鎌倉時代では大仏も二元的存在になったということができる。奈良東大寺の大仏と鎌倉の新大仏。両者は、何と鎌倉時代を象徴する存在ではあるまいか。

ところで、右のとおり、幕府は事実上この両方の大仏を造ったことになる。東大寺大仏復興を強力に支援し、その後、鎌倉に新大仏を造立した。鎌倉時代という名称は、社会の構造が二元的ながらも、幕府の存在をより重くみることに基づく呼び方である。大仏という視点からみても、やはり鎌倉時代は幕府の役割が大きな時代ということができよう。

それならば、鎌倉大仏の造立目的や意味からみて、また、中世社会における大仏の存在から考えて、一歩進めて、鎌倉時代を「鎌倉に新大仏が出現した時代」と定義することも、あながち不当ではなかろう。鎌倉大仏はこの時代を象徴する新大仏だったのである。

# あとがき

鎌倉大仏とのご縁は、何度か訪れた。一九八〇年代の半ば頃、故西川新次先生や清水眞澄先生と調査に同行させていただき、大仏の原型についての意見が交わされるのを伺い、研究の最先端を垣間見た思いであった。この時の調査のことは、清水先生の「鎌倉大仏の鋳造技法について」の中で少し触れられている。

私にとってまことに大きかった出来事は、一九八九年十二月に千葉県の某所で、本文中でも紹介した、浄光上人を弔うという文意の銘文を持った銅造阿弥陀如来立像に出会ったことである。まさかそのような銘文が刻まれているとは予想できるはずはなく、にわかには信じられないというのはあのことだと今も思う。この像のことは、その後、大仏殿の考察を絡めて美術史学会で発表し、それをもとに『ＭＵＳＥＵＭ』誌に掲載していただいた。この頃から鎌倉大仏のことをじっくり考えるようになり、その難しさも判り始めた。

その後、いつか大仏に正面から取り組まなければと思いながらも、その存在の大きさからつい延び延びとなり、昨年単著を刊行する際にも一章を書き下ろしたが、自分の中には未だ不十分さが残っていた。

そんな折、吉川弘文館編集部から本シリーズに鎌倉大仏をテーマとした一冊を書いてみないかとお誘いを受けた。自分でよいかとも思ったが、積年の課題に取り組むよいご縁と考え、お引き受けした。書き進むうち、あらためて感じたのは、鎌倉大仏という存在の大きさ、重要性である。しかし、その割に史料が限られ、謎が多いせいか、これまでの評価や扱いは低いような気がする。鎌倉大仏は鎌倉時代そのものを象徴する金字塔である。そのことだけは伝えられればと思う。

本書はなるべく多くの謎に自分なりの答えを出してみたつもりである（昨年の拙著の内容を一部修正することともなった）。この中には大方の賛同をすんなりとは得られないかもしれない見方も含まれていよう。ご批判はもとより覚悟のうえである。なお、本書はこれから学ぼうとする方や研究者の便をも考え、これまでの研究蓄積を踏まえ、紹介することにも意を用いた。本書が鎌倉大仏研究の新たな契機になってくれればと願う。

本書は多くの方々のご厚意により成った。高徳院佐藤孝雄師からは種々のご高配を賜り、写真掲載にあたっては、お許しをいただいたご所蔵の各寺院や管理の方々、井上久美子氏をはじめ写真提供を下さった皆様にご配慮をいただいた。また、折に触れて多くの研究者の皆様からご教示をいただき、ことに本文中の各所でそのご論考を引用させていただいた清水眞澄先生には、日頃より鎌倉大仏に限らずお導きをいただいている。記して御礼申し上げる次第である。

末尾ながら、本書の執筆をお勧め下さった一寸木紀夫氏、本書の編集を担当された伊藤俊之氏に謝意を申し上げる。

平成二十二年一月十九日

塩澤寛樹

# 参考文献


浅見龍介　一九九六　「鎌倉大仏の造立に関する一試論」（『MUSEUM』五四三）
浅見龍介　二〇〇〇　「新仏都に出現した宋風の巨像」（『朝日百科　国宝と歴史の旅七・鎌倉大仏と宋風の仏像』朝日新聞社）
足立　康　一九四一　「鎌倉大仏の丈量」（『建築史』三―三）
荒木　宏　一九五九　『技術者のみた奈良と鎌倉の大仏』有隣堂出版
飯沼賢司　二〇〇八　「銭は銅材料となるのか―古代～中世の銅生産・流通・信仰」（小田富士雄・平尾良光・飯沼賢司共編『経筒が語る中世の世界』思文閣出版）
上横手雅敬　一九九二　「鎌倉大仏の造立」（『龍谷史壇』九九・一〇〇合併号）
上横手雅敬　二〇〇六　「鎌倉大仏について」（『文化財学雑誌』二、鶴見大学文化財学会）
荻野懐之　一九〇八　「東関紀行につきて」（『歴史地理』一二―六）
香取忠彦　一九七六　「鎌倉の大仏―鋳造考」（『MUSEUM』三〇五）
香取秀眞　一九一二　「鎌倉の大仏」（『日本及び日本人』五八七）
香取秀眞　一九一四　「丹治姓の鋳師」（『考古学雑誌』五―一）
五味文彦　二〇〇二　「場と力」（五味文彦・佐野みどり・松岡心平『中世文化の美と力』〈『日本の中世』七〉、中央公論新社）

塩澤寛樹　一九九六a　「鎌倉大仏研究著作・論文一覧」（『鎌倉大仏史研究』一）
塩澤寛樹　一九九六b　「鎌倉大仏殿の建立とその性格―千葉県満光院銅造阿弥陀如来立像とその銘文を巡って」（『MUSEUM』五四三）
塩澤寛樹　二〇〇九　『鎌倉時代造像論―幕府と仏師』吉川弘文館
清水眞澄　一九七九　『鎌倉大仏―東国文化の謎』（『有隣新書』一三）、有隣堂
清水眞澄　二〇〇〇a　「鎌倉大仏の鋳造技法について」（『成城大学短期大学部紀要』三一）
清水眞澄　二〇〇〇b　「鎌倉大仏研究の現状と問題点」（『造形と文化―美術史論叢』雄山閣出版）
清水眞澄　二〇〇二a　「鎌倉大仏の形姿と様式について―宋風との関わりを中心にして」（『美学美術史論集』一四）
清水眞澄　二〇〇二b　「鎌倉大仏造立の経緯と問題点をめぐって」（『鎌倉大仏と阿弥陀信仰』展図録、神奈川県立金沢文庫）
清水眞澄　二〇〇七　「鎌倉大仏―高徳院銅造阿弥陀如来坐像」（『仏教芸術』二九五）
高橋秀榮　一九八三　「金沢文庫保管『大仏旨趣』について―鎌倉大仏に関する新出資料の紹介」（『金沢文庫研究』二七一）
高橋秀榮　二〇〇八　「鎌倉の大仏に奉納された一切経」（『印度学仏教学研究』五六―一）
滝　節庵　一九〇六　「鎌倉の大仏像」（『国華』一八九）
田沢　坦　一九六二　「鎌倉大仏に関する史料集成稿」（『美術研究』二二七）
中川忠順　一九二五　「鎌倉大仏沿革略」（『思想』四八）

南腮逸人　一九二〇「思ひ出の記（二）―鎌倉大仏の鋳造者と伝へられたる上総の大野氏」（『歴史地理』三六―五）
西川新次　一九五九「鎌倉大仏調査私記」（『鎌倉』三）
西川新次　一九六一「高徳院国宝銅造阿弥陀如来坐像の沿革」（『高徳院国宝銅造阿弥陀如来坐像修理工事報告書』）
納冨常天　一九九〇「鎌倉新大仏の『大般若経』について」（『鶴見大学紀要』二七）
原田正俊　二〇〇三「高野山金剛三昧院と鎌倉幕府」（大隅和雄編『仏法の文化史』吉川弘文館）
平子鐸嶺　一九〇九a「東関紀行に見えたる鎌倉大仏の記事について」（『学鐙』一三―一）
平子鐸嶺　一九〇九b「鎌倉大仏攷」（『国華』二二四）
平子鐸嶺　一九〇九c「湘南訪古録」（『考古界』七―一〇）
松尾剛次　二〇〇五「鎌倉大仏」（『鎌倉　古寺を歩く』吉川弘文館）
馬淵和雄　一九九八『鎌倉大仏の中世史』新人物往来社
三浦圭一　一九六二「和泉市新発見の大般若経について」（『史林』四五―二）
無能道人　一九〇八「誤られたる鎌倉大仏に就いて八代先生に呈す」（『歴史地理』一二―五）
森　克己　一九三六「鎌倉大仏と日元貿易」（『歴史地理』六七―三）
八代国治　一九〇八「誤られたる鎌倉大仏」（『歴史地理』一二―二）
『高徳院国宝銅造阿弥陀如来坐像修理工事報告書』高徳院国宝銅造阿弥陀如来坐像修理工事委員会、一

九六一
『鎌倉大仏周辺発掘調査報告書』鎌倉市教育委員会、二〇〇一・二〇〇二

## 著者紹介

一九五八年、愛知県に生まれる
一九八二年、慶応義塾大学文学部哲学科美学美術史学専攻卒業
その後、神奈川県立博物館（現神奈川県立歴史博物館）学芸員を経て、
現在、日本橋学館大学教授、博士（美学、慶応義塾大学）

主要著書・論文
『鎌倉時代造像論―幕府と仏師』『千葉県の歴史』通史編古代2（共著）『仏教美術事典』（共著）「興法寺蔵銅造阿弥陀三尊像」（『国華』一三三九）

歴史文化ライブラリー
295

# 鎌倉大仏の謎

二〇一〇年（平成二十二）五月一日 第一刷発行

著　者　塩《しお》澤《ざわ》寛《ひろ》樹《き》
発行者　前田求恭
発行所　株式会社 吉川弘文館
東京都文京区本郷七丁目二番八号
郵便番号一一三―〇〇三三
電話〇三―三八一三―九一五一〈代表〉
振替口座〇〇一〇〇―五―二四四
http://www.yoshikawa-k.co.jp/
印刷＝株式会社 平文社
製本＝ナショナル製本協同組合
装幀＝清水良洋・星野槙子

歴史文化ライブラリー

1996.10

# 刊行のことば

現今の日本および国際社会は、さまざまな面で大変動の時代を迎えておりますが、近づきつつある二十一世紀は人類史の到達点として、物質的な繁栄のみならず文化や自然・社会環境を謳歌できる平和な社会でなければなりません。しかしながら高度成長・技術革新にともなう急激な変貌は「自己本位な刹那主義」の風潮を生みだし、先人が築いてきた歴史や文化に学ぶ余裕もなく、いまだ明るい人類の将来が展望できていないようにも見えます。このような状況を踏まえ、よりよい二十一世紀社会を築くために、人類誕生から現在に至る「人類の遺産・教訓」としてのあらゆる分野の歴史と文化を「歴史文化ライブラリー」として刊行することといたしました。

小社は、安政四年（一八五七）の創業以来、一貫して歴史学を中心とした専門出版社として書籍を刊行しつづけてまいりました。その経験を生かし、学問成果にもとづいた本叢書を刊行し社会的要請に応えて行きたいと考えております。

現代は、マスメディアが発達した高度情報化社会といわれますが、私どもはあくまでも活字を主体とした出版こそ、ものの本質を考える基礎と信じ、本叢書をとおして社会に訴えてまいりたいと思います。これから生まれでる一冊一冊が、それぞれの読者を知的冒険の旅へと誘い、希望に満ちた人類の未来を構築する糧となれば幸いです。

吉川弘文館

〈オンデマンド版〉
鎌倉大仏の謎

On Demand
歴史文化ライブラリー
295

2019年（令和元）9月1日　発行

著　者　塩《しお》 澤《ざわ》 寛《ひろ》 樹《き》
発行者　吉 川 道 郎
発行所　株式会社　吉川弘文館
〒113-0033　東京都文京区本郷7丁目2番8号
TEL　03-3813-9151〈代表〉
URL　http://www.yoshikawa-k.co.jp/

印刷・製本　大日本印刷株式会社
装　幀　清水良洋・宮崎萌美

塩澤寛樹（1958～）

ISBN978-4-642-75695-2